에픽테토스 · 올 코트 윌리엄 지음
최복현 엮음

행복한
상상
+플러스
102

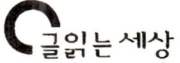
글읽는 세상

행복한 상상플러스 102

진정 행복한 성공은 물질적 풍요로 이루어지는 것만도 아니다

행복한 성공은 사회적인 명예나 권력으로 만도 아니다. 진정 행복한 성공은 자기 관리에서 비롯된다. 지혜로운 시간관리가 있어야 하고, 이를 위한 좋은 습관을 행활화해야 한다. 하나의 좋은 습관을 잘 유지하기만 한다면 그는 분명 머지 않아 성공자가 될 수 있다.

또한 보다 나은 삶을 살기 위해서는 분명한 목표를 세우고 그 목표를 달성하기 위한 자기 훈련을 쌓아나가야만 한다. 이를 위해서는 그 목표를 향한 열정과 간절한 마음의 자세가 갖추어져야 한다.

이렇게 하여 누구든 사회적으로 보아 성공자의 대열에 낄 수가 있다. 하지만 사회적 성공을 이루었다고 할지라도 마음의 건강이나 육체의 건강을 잃는다면 그는 행복한 성공자는 될 수가 없다. 행복한 성공자는 우선 이러한 사회적 성공을 이루되 정신건강과 육체의 건강이 겸비되어있어야만 한다. 우리는 누구나 행복한 성공을 꿈꾼다. 하지만 지나치게 사회적 성공을 향해 달리다 보면 육체의 건강, 정신의 건강을 잃을 수도 있고, 주위 사람들과 멀어지는 관계를 형성할 수도 있다. 성공을 했으되 그 성공을 지속적으로 유지하기 위해서는 사람관리, 즉 인간관계가 무엇보다도 중요하다고 할 수 있다. 따라서 자기 사람관리, 즉 친구들, 지인들 특히 가정을 관리하는 일이 참으로 중요하다. 이렇게 자신의 주변을 잘 관리해야만 행복한 성공자가 될 수 있는 것이다. 이 책은 이러한 행복한 성공을 체계적으로 다루고 있다. 진정 행복한 성공을 원하는 사람들에게 이 책은 훌륭한 안내자의 역할을 하리라고 확신한다.

- 편 역자 -

Part 1 행복한 성공을 위한 결심의 원칙

- 01 좋은 것에 대한 욕구를 가져라 · 18
- 02 주변 상황을 있는 그대로 보고 평가하라 · 20
- 03 스스로 자신의 가치를 만들어라 · 22
- 04 욕망을 현실에 순응시켜라 · 24
- 05 자신의 마음 속에서 행복을 찾아라 · 26
- 06 앞에 닥친 일을 생각하고, 그 다음에 행동하라 · 28
- 07 좋은 목적만을 가지고 대화하라 · 33
- 08 사람을 가려서 사귀어라 · 35
- 09 분명한 생각을 가지고 행동하라 · 37
- 10 관습을 모두 옳다고 생각하지 말라 · 40
- 11 잘못된 습관은 과감히 버려라 · 43

Part 2 행복한 성공을 위한 좋은 생활 습관

- 12 아침의 10분으로 하루 일과의 성패가 결정된다 · 48
- 13 수동적인 습관이 일과의 진행을 방해한다 · 51
- 14 생활에 엄격함을 가져라 · 54
- 15 좋은 음식 습관을 가져라 · 57
- 16 검소하게 살며, 마음의 여유를 가져라 · 59
- 17 자연을 있는 그대로 마시라 · 62
- 18 합리적인 생활을 위해 자신에게 엄격해라 · 64
- 19 가난을 부끄러워하지 말라 · 67
- 20 자기 체면을 너무 내 세우지 말라 · 70
- 21 적절한 수면으로 매일을 활성화하라 · 72
- 22 잠을 제대로 자는 기술을 익혀라 · 75

Part 3 행복한 성공을 위한 성공의 원칙

- 23 성공은 도전하는 사람에게만 주어진다 · 80
- 24 무엇을 할 것인가를 지금 결정하라 · 84
- 25 행복을 자신의 것으로 만들어라 · 86
- 26 가장 건전한 양식을 가지고 살아라 · 88
- 27 노예의 삶보다는 주인으로서의 삶을 살아라 · 90
- 28 없는 것을 요구하지 말라 · 92
- 29 인색과 검소를 제대로 구별하라 · 95
- 30 지금 당장 바로 시작하라 · 98
- 31 돈을 쓰듯이 시간을 쓰라 · 100
- 32 자신을 사랑하듯 부모와 상사를 사랑하라 · 103

Part 4 행복한 성공을 위한 마음의 수련

- 33 욕심을 버려라 · 108
- 34 자신의 마음을 소중히 여겨라 · 110
- 35 자기의 닮은꼴에서 배워라 · 114
- 36 먼저 자신을 개선하라 · 116
- 37 긍정적인 삶을 위한 자기 훈련을 하라 · 118
- 38 바람직한 마음의 태도를 가지라 · 121
- 39 자신의 자동성공장치를 최대한 작동하라 · 123
- 40 자신의 목표를 간절히 원하라 · 125
- 41 목표를 제대로 설정하라 · 127
- 42 마음가는 대로 움직여라 · 130
- 43 독단이나 편견을 때로는 이용하라 · 133

Part 5 행복한 성공을 위한 상상력의 활용 법

- 44 행복한 성공자가 되라 · 138
- 45 실패의식을 갖지 말라 – 실패는 또 실패를 낳는다 · 140
- 46 실패를 두려워하지 말라 · 142
- 47 성공 자들에게서 그 성공을 배우라 · 146
- 48 겪었던 역경을 최대한 활용하라 · 148
- 49 자기 표현능력을 계발하라 · 151
- 50 행복한 성공을 위한 자기 플랜을 구체화하라 · 154

Part 6 행복한 성공을 위한 상상력의 활용 법

- 51 자신의 상상력을 최대한 동원하라 · 160
- 52 상상력을 통해 새로운 방법을 창조하라 · 163
- 53 상상력의 저해 요소를 제거하라 · 165
- 54 자신 · 확신이 있는 상상을 하라 · 169

Part 7 행복한 성공을 위한 사람관리

- 55 타인과 더불어 사는 삶을 생활화하라 · 174
- 56 작은 일도 중요한 일이라는 것을 명심하라 · 176
- 57 자신의 감정을 좋게 만들어라 · 178
- 58 장소의 분위기를 바꾸는 분위기 주도형이 되라 · 180
- 59 시간에 대한 강박관념을 버리고 여유의 마음을 가져라 · 183
- 60 있는 그대로 자신의 모습을 보여라 · 186
- 61 사람들에게 적절한 예절을 갖춘다 · 188
- 62 상대를 즐겁게 하는 말의 예절을 익힌다 · 190
- 63 연령에 맞는 장점을 이끌어 낼 수 있도록 사람을 고용한다 · 192
- 64 훌륭한 친구를 갖는다는 것은 행운이다 · 194
- 65 결점을 너그러이 봐주는 것이 우정은 아니다 · 197
- 66 진지한 충돌로부터 우러나는 '부모와 자식의 우정' · 200
- 67 자신을 드러내는 용기를 갖는다 · 203

Part 8 행복한 성공을 위한 자기관리

- 68 노력은 자신의 나쁜 환경도 좋은 환경으로 바꿀 수 있다 · 208
- 69 자신이 해야할 일은 아무리 힘들어도 스스로 한다 · 211
- 70 성공하려면 먼저 사람을 잘 쓸 줄 알아야 한다 · 213
- 71 사람의 내면, 즉 또 다른 얼굴을 간파해야 한다 · 215
- 72 자기 주위를 돌아보며 주위의 평가를 고려해야 한다 · 217
- 73 무슨 일을 하든 생각하면서 하는 습관을 갖는다 · 219
- 74 의식의 망을 펼쳐서 얻을 수 있는 한 모두를 가진다 · 221
- 75 소문이라는 정보 네트워크를 이용한다 · 224
- 76 자신을 너무 과장하지 않으며, 뽐내지 않는다 · 227
- 77 언제 어디서든, 누구를 만나든 배움의 자세를 갖는다 · 229
- 78 늦었다고 생각하기 전에 지금 도전한다 · 231

Part 9 행복한 성공을 위한 교양훈련

- 79 스스로 이용할 수 있는 시간을 만든다 · 236
- 80 악조건을 호조건으로 바꾸는 강한 의지를 가져라 · 238
- 81 일의 배경에서부터 지식을 넓혀가라 · 241
- 82 실전에서 사용할 수 있는 적 문장 수업을 하라 · 243
- 83 자신의 가치를 과대 평가해서는 안 된다 · 248
- 84 자신의 진정한 가치는 지금의 자리에서 벗어날 때 알게된다 · 250

Part 10 행복한 성공을 위한 가정관리

- 85 결혼은 새로운 인간관계의 시작이다 · 254
- 86 묘미가 있는 부부관계는 일종의 학교이다 · 256
- 87 결혼은 함께 성장해 가는 소중한 관계이다 · 258
- 88 결혼은 일생을 통한 전인교육의 장이다 · 260
- 89 결혼 상대를 선택하는 지혜를 배워야 한다 · 262
- 90 여성은 상황에 따라 변화할 수 있어야 한다 · 265
- 91 분위기 조성보다 신념을 택하는 것이 좋다 · 268
- 92 가정은 안심과 휴식의 근원이어야 한다 · 270
- 93 가정을 책임질 수 있는 사람은 행복하다 · 271
- 94 삶을 좀 더 진지하게 생각하는 결혼 생활을 하라 · 274
- 95 총명한 여자는 가사도 능숙하다 · 276
- 96 사회적 성공을 이루기 전에 가정을 리드하라 · 278
- 97 지나치게 욕심을 갖지 않는 여성이 되어야 한다 · 281
- 98 목표를 향해 분발하는 상대가 아름답다 · 283

99	검소한 습관을 가져야 좋은 부부관계를 이룰 수 있다 · 285
100	결혼은 진정한 마음의 휴식공간을 만드는 일이다 · 288
101	가정은 우울함이 배인 장소가 되어서는 안 된다 · 291
102	가정의 행복을 증가시키는 것이 참된 교양이다 · 293

01   좋은 것에 대한 욕구를 가져라
02   주변 상황을 있는 그대로 보고 평가하라
03   스스로 자신의 가치를 만들어라
04   욕망을 현실에 순응시켜라
05   자신의 마음 속에서 행복을 찾아라
06   앞에 닥친 일을 생각하고, 그 다음에 행동하라
07   좋은 목적만을 가지고 대화하라
08   사람을 가려서 사귀어라
09   분명한 생각을 가지고 행동하라
10   관습을 모두 옳다고 생각하지 말라
11   잘못된 습관은 과감히 버려라

행복한 성공을 위한 결심의 원칙

01 좋은 것에 대한 욕구를 가져라

 우리가 가지게 되는 욕망이나 혐오는 때로는 변덕스럽게 우리를 지배하곤 한다. 그 욕구들은 그 비위를 맞추어 주기를 우리에게 요구한다. 욕망은 우리에게 그 욕망이 충족되기를 명령한다. 혐오는 마음에 들지 않는 것을 피하라고 고집을 부리는 것이다. 우리는 보통 원하는 것을 얻지 못하면 실망한다. 자신이 원하지 않는 것을 얻게 되면 괴로워하곤 한다.

 우리는 자연스러운 행복과 배치되는 것들을 얻을 수 있다. 그 가운데 우리 뜻대로 할 수 있는 것들이 있다면, 피해야한다. 그러면 우리가 진정으로 원하지 않는 것을 얻는 일은 생기지 않을 것이다. 그러나 불가피한 것들, 예를 들면 병, 죽음, 불행 등과 같이 우리가 우리의 힘으로 어쩔 수 없는 것을 피하려 해서는 안 된다. 그 것을 피하려고 하면 우리 자신과 우리 주위에 있는 사람들이 고통을 겪게 된다.

  욕망과 혐오는 강하기는 하지만 결국 습관에 불과할 뿐이다. 그리고 이 습관은 훈련에 따라서 달라질 수 있는 것이기도 하다. 우리가 우리 뜻대로 할 수 없는 것들을 혐오하는 습관은 버려야만 한다. 그 반면에 우리 자신에게 좋지 않은 것들 가운데 우리 뜻대로 할 수 있는 것을 극복하기 위해 집중해야만 한다.

  우리는 최선을 다해서 욕망을 억제해야만 한다. 우리 뜻대로 할 수 없는 것을 원하게 되면 우리에게는 반드시 실망이 따르게 마련이기 때문이다. 그런 실망이 쌓이다보면, 우리에게 바람직하면서도 우리 뜻대로 할 수 있는 것조차 헤아리지 못하게 될 것이다. 물론 현실적인 이유 때문에 어떤 것은 추구하고, 어떤 것을 피할 수는 있을 것이다. 하지만 그럴 때에도 우아하게, 교묘하게, 유연하게 그 욕망들을 컨트롤할 수 있는 마음가짐이 우리에게는 필요하다.

02 주변 상황을 있는 그대로 보고 평가하라

    우리들의 주변 상황은 우리가 원하는 대로 되어있는 것만은 아니다. 오히려 그 반대일 경우가 많다. 그리고 살아가다 보면 예기치 않은 일들이 우리의 의도와는 다르게 일어나는 경우가 많다. 우리는 모두 자기 나름대로 마음먹은 대로 행동하며 살아간다. 따라서 실제로 얻게 되는 것을 우리는 소중히 여기며 살아야만 한다.

  우리는 우리의 마음의 눈을 뜨고, 세상을 있는 그대로 보아야만 한다. 그러면 그릇된 애착으로 인한 고통을 덜 수 있을 것이며, 피할 수 있는 화는 면할 수 있을 것이다.

  우리를 기쁘게 하는 것들에 대해서 생각해보자. 우리가 아끼는 도구, 우리가 소중히 여기는 사람들, 그러나 그것들도, 그들도 그 나름의 독특한 성격을 가지고 있다는 것을 기억해야만 한다. 이것은 우리가 그 대상들을 어떻게 보느냐와는 별개의 문제인 것이다.

우리가 아주 아끼는 것, 하지만 아주 작은 것을 생각해보자. 예를 들면, 우리가 아끼는 잔이 있다고 가정 해보면, 사실 그것은 하나의 잔에 지나지 않는다. 그것이 설사 깨진다고 해도 우리는 그것이 없이도 충분히 살아갈 수 있을 것이다.

또한 우리가 아주 소중히 여기는 물건이나 사람을 생각해보자. 자식이나 남편이나 아내를 안을 때, 우리는 죽을 수밖에 없는 인간을 안는다는 것을 잊어서는 안 된다. 그러면 설령 그들 가운데 누가 죽더라도, 우리는 평정한 마음으로 그 아픔을 견딜 수 있을 것이다.

어떤 일이 생겼을 때, 우리 힘으로 할 수 있는 것은 그 일에 임하는 태도를 정하는 것이다. 우리는 그 일을 받아들일 수도 있고, 다른 사람을 원망할 수도 있다.

우리가 겁을 내거나 당황해하는 것은 외적인 사건 그 자체 때문이 아니라, 우리가 그 사건을 생각하는 방식 때문인 것이다. 우리를 혼란에 빠뜨리는 것은 일이 아니라 그 일의 의미에 대한 우리의 해석인 것이다. 일과 사람은 우리가 원하는 대로도 아니고, 우리에게 보이는 대로 있는 것이 아니라 있는 그대로일 뿐인 것이다.

03 스스로 자신의 가치를 만들어라

절대로 다른 사람의 칭찬에 마음이 움직여서는 안 된다. 그 칭찬에서 실제로 얻을 것은 없기 때문이다. 자신의 가치를 바깥에서 찾을 수는 없는 일이기 때문이다. 누구를 사귀어서 찾을 수 있는 것도 아니고, 다른 사람들의 존경심에서 찾을 수 있는 것도 아니다. 다른 사람들, 심지어 우리를 아끼고 사랑하는 사람이라고 해도, 언제나 우리 생각에 동의하지는 않을 것이다. 언제나 우리를 이해하지는 않는다. 그러므로 우리는 누군가에게 의지하려는 아이와 같은 삶을 살 것이 아니라 독립적인 존재로 살아가려는 마음가짐을 가져야 한다. 다른 사람이 우리를 어떻게 생각하든, 거기에 의지할 것이 아니라, 거기에 동요될 것이 아니라 우리 나름의 가치를 만들면 되는 것이다.

자신의 가치는 뛰어난 사람들을 사귄다고 해서 얻을 수 있는 것이 아니다. 우리에게는 우리 나름의 할 일이 있으므로 우선 그 일에 달려들어 최선을 다하면 되는 것이다. 누가 우리를 지켜보든 개의할 필요가 없다. 우리 나름대로 유용한 일을 찾아 하면 된다. 이런 노력을 해서 무슨 명예를 얻을까, 남들로부터 어떤 칭찬을 받을까, 그런 일로 신경을 쓰는 것은 바람직한 일이 아니다. 남이 우리 자신의 가치를 대신해줄 수는 없기 때문이다.

다른 사람의 승리나 탁월함은 그들의 것일 뿐이다. 또한 우리 자신의 소유물 중 어떤 것이 아주 좋은 것이라고 해도, 그것 때문에 우리 자신이 뛰어난 사람이 될 수는 없다. 진정한 자신의 것, 우리 자신이 얻게 되는 생각, 자원, 기회를 이용해야 한다. 책이 있다면, 그것을 읽고, 거기에서 배워야한다. 그리고 그 지혜를 삶에 적용해 보는 것이다. 전문적인 지식이 있다면 그것을 좋은 일에 한껏 사용하는 것이다. 연장 또는 어떤 도구가 있다면 그것을 꺼내서 무엇을 만들든지 고치든지 하는 것이다. 좋은 생각이 있다면 계속 그 생각에 공을 들여 보는 것이다. 우리 자신이 얻은 것이 무엇이든 그것을 최대한 활용하는 것이다. 그것이야말로 진정한 우리 자신의 것이 되는 것이다.

자신의 진정한 것이 무엇인지를 스스로 찾아냄으로써 우리의 행동이 자연과 조화를 이룰 때, 우리는 스스로에게 만족할 수 있고 편안해질 수 있는 것이다.

04 욕망을 현실에 순응시켜라

좋든 싫든 삶과 자연은 우리가 바꿀 수 없는 법칙들의 지배를 받게 마련이다. 이 사실을 빨리 받아들일수록 우리의 마음도 차라리 더 편안해질 수 있다. 자식이나 배우자가 영원히 살기를 바라는 것은 어리석은 일이다. 그들이나 우리는 모두 언젠가는 다 죽을 운명을 타고났다는 것이다. 죽음의 법칙은 우리의 의지를 완전히 떠난 문제인 것이다.

마찬가지로 직원이나 친척이나 친구가 흠이 없기를 바라는 것도 어리석은 일이다. 그것은 우리 뜻대로 할 수 없는 일을 우리 뜻대로 하려는 것과 같은 일이다.

그러므로 욕망에 휩쓸릴 것이 아니라 현실을 직시하고 욕망에 대처해야한다. 그러면 욕망으로 인해서 실망하지 않을 수 있을 것이다. 그것은 우리 뜻대로 할 수 있는 일인 것이다.

누가 우리에게 원하는 것을 준다면, 또는 우리가 원하지 않는 것을 없애준다면, 우리는 궁극적으로 그 사람의 지배를 받게 마련이다. 그러므로 우리가 진정 자유를 원한다면 아무것도 남에게 바래서는 안 된다. 또한 남에게 의존해야 하는 일은 피해야한다. 그렇지 않으면 우리는 늘 무력한 노예의 신세에서 벗어나지 못할 것이다.

진정한 자유가 무엇인지, 어떻게 그것을 얻을 수 있을지 제대로 이해해야만 한다. 자유는 우리 마음대로 할 수 있는 권리나 능력이 아니다. 자유는 우리의 힘의 한계를 이해하는 데서 시작되는 것이다. 그것은 신의 섭리에 따라서 설정된 자연적 한계이다. 그러므로 우리는 그 삶의 한계를 받아들여야만 한다. 또한 불가피한 것들을 받아들여야 한다. 그래야만 우리는 자유로워질 수 있다. 또한 우리는 우리 뜻대로 할 수 없는 것들에 대한 덧없는 욕망에 굴복해서는 안 된다. 만일 우리가 그 욕망에 굴복하게 되면 우리는 진정한 자유를 잃고 말 것이다.

05 자신의 마음 속에서 행복을 찾아라

자유는 삶에서 가치가 있는 유일한 목표일 수도 있다. 우선 우리가 자유를 얻는 방법은 우리 뜻대로 할 수 없는 것들을 무시하는 것이다. 우리 마음이 두려움과 야망으로 재앙의 무쇠 솥처럼 부글거리면, 도무지 우리는 명랑해질 수가 없을 것이다.

우리는 우리 뜻대로 할 수 없는 싸움에는 끼어 들지 말아야한다. 우리의 행복을 좌우하는 것은 세 가지이며, 그리고 그 세 가지 모두 우리 뜻대로 할 수 있는 것들이다. 첫째는 우리 자신의 의지이며, 둘째는 우리 자신과 관계가 있는 사건들에 대한 우리 자신의 생각이다. 셋째는 우리가 스스로 우리 자신의 생각을 이용하는 방법이다.

진정한 행복은 외적 조건과 전혀 관계가 없다. 게으름을 피우지 말고 외적 조건에 무관심해지는 연습을 해야만 한다. 우리 자신의 행복은 오직 우리 내부에서만 찾을 수 있다.

우리는 얼마나 쉽게 웅변에, 직책에, 학위에, 명성에, 직업에, 좋은 옷에, 멋진 처신에 현혹되는지 모른다. 저명인사가, 공인이, 정치지도자가, 부자가, 지식인이, 예술가가 반드시 행복한 것은 아니다. 그것은 겉모습으로 판단한 것일 뿐이다.

선의 진정한 본질은 우리 뜻대로 할 수 있는 것 안에서만 찾을 수 있다. 이 점을 잊지 않는다면 헛된 질투를 하지도 않을 것이고, 쓸쓸하지도 않을 것이다. 우리 자신이나 우리가 한 일을 남이나 남이 한 일과 비교해보는 쓸모 없는 짓을 하지 말아야 한다. 자신의 자아를 최고로 실현하도록 하는 것, 그것은 우리 자신의 힘으로 할 수 있는 일이다.

06 앞에 닥친 일을 생각하고, 그 다음에 행동하라

어떤 행동을 하기 전에 먼저 살펴보고 판단하는 습관을 길러야 한다. 앞으로 나아가기 전에, 한 걸음 물러나서 머리 속에 큰 그림을 그려보는 것이다. 그래야만 설익은 충동에 따라서 성급하게 행동하는 것을 피할 수 있다. 먼저 눈앞에 일어난 일을 살펴야 한다. 그것이 어떤 결과를 낳을지 생각해보는 것이다. 그리고 나서 자신이 알게 된 것에 따라서 행동해야한다.

우리는 아무 생각 없이 무작정 의욕에 넘쳐서 일을 시작하는 경우가 많다. 그러다가 예측하지 못한 결과나 원치 않는 결과가 뒤따르면, 부끄럽게도 뒤로 물러서서 후회하고 만다. 예를 들면 우리가 올림픽 경기에 나가 우승을 하고 싶다고 해보자. 그것은 정말 멋진 일이다. 그러나 먼저 자신이 어떤 일에 뛰어드는 것인지 충분히 생각해보아야 한다. 그 욕망을 충족시키는 데에는 무엇이 필요할 것이며, 어떤 일이 일어날 가능성이 있는지, 그 다음에는 어떤 일을 해야 할 것이지, 그 일을 하면 어떤 결과가 나올 것이며, 이런 과정 전체가 우리 자신에게 정말로 도움이 되는지를 충분히 생각해 보아야한다.

올림픽 경기에 나갈 준비를 제대로 하려면, 인내의 한계에 이를 정도의 엄격한 훈련이 필요하다 규칙을 따르고, 적당한 식사를 하고, 더우나 추우나 규칙적으로 열심히 연습하고, 술을 끊어야 한다. 마치 의사의 처방을 따르듯이, 트레이너의 말을 따라야 한다. 그렇게 해서 실제로 시합에 나간다고 해도 상대에게 패할 수도 있다. 팔을 다칠 수도 있고, 발목을 뻴 수도 있고, 얼굴을 다칠 수도 있으며, 결국 패할 수도 있다.

그런 가능성들을 다 생각해보고 난 후, 일어날 일들과 그 결과들을 따져보아야 한다. 그래도 결심이 흔들리지 않는다면 그 일을 결정해야 한다. 전체적인 그 그림이 그래도 자신에게 유익하다면, 시합에 나가서, 전심전력을 다해 임하면 되는 것이다.

큰 그림을 생각하면 어떤 일이든 장난삼아 할 수가 없는 것이다. 안락하고 재미있을 때만 하다가 치울 수는 없다는 것이다. 그렇게 하는 것은 비열한 행동이다. 철저하게 생각을 한 다음 철저히 최선을 다해야한다. 그렇지 않으면, 우리는 어느 때는 레슬러가 되었다가, 어느 때는 군인이 되었다가, 어느 때는 음악가가 되었다가, 또 어느 때는 비극 배우가 될 것이다.

스스로의 일에 모든 것을 바치지 않으면 우리는 겉치레뿐인 사람에 불과할 뿐이며, 가벼운 사람이 되고 만다. 그런 정신력으로는 타고난 재능을 계발할 수 없는 것이다. 순간순간 새롭게 반짝이는 것을 원숭이처럼 흉내만 내다가 말 것이다. 그리고 그 순간이 지나면 열의와 노력은 시들해질 것이다. 일에 조금이라도 싫증이 나거나 부담이 생기면 그만두고 말 것이다.

하는 둥 마는 둥 해서는 아무런 힘도 발휘할 수 없다. 어정쩡한 노력은 어정쩡한 결과를 낳을 뿐이다. 보통 사람들은 아무 생각 없이 일에 뛰어들곤 한다. 그렇게 하기보다는 우선 자신의 갈망의 진정한 본질을 생각하고, 그것을 자신의 능력에 비추어보아야만 한다.

스스로에게 솔직하고, 자신의 장점과 약점을 냉정하게 따져보는 것이다. 어떤 일을 하는 데에 무엇이 필요한지를 알아야 한다. 예를 들어 레슬러가 되려면 어깨, 등, 허벅지에 특별한 힘이 필요하다. 자신에게 최고의 레슬러가 될 만한 체력과 민첩성이 있는지를 살펴보아야 한다. 물론 챔피언이 되고 싶어할 수도 있고, 어떤 일을 능숙하게 하고 싶어할 수도 있을 것이다. 그러나 실제로 그것을 하는 것, 그것도 최고의 기술로 하는 것은 별개의 문제이다. 사람마다 각각 자기의 할 일이 따로 있는 것이다.

어떤 한 분야에서 성공하려면 일정한 능력이 필요한 것이다. 동시에 일정한 자기 희생도 필요하다. 지혜롭게 사는 기술을 숙달하고 싶다면서 과식과 과음을 해서는 안 되는 것과 같은 이치이다. 습관적으로 분노에, 또 좌절과 불행에 굴복해서도 안 될 것이다. 우리가 진정한 지혜를 바란다면, 그리고 우리가 진지한 사람이라면,

우리가 할 일은 따로 있는 것이다. 우리는 우선 많은 불건전한 갈망과 반사적인 반응에서 벗어나야 한다. 사귀는 사람들에 대해서도 다시 생각해보아야 한다. 즉, 자신의 친구들이 사귈 가치가 있는 사람들인지, 그들의 영향력이, 그들의 습관, 가치기준, 행동이 자신을 고양시켜줄 것인지, 아니면 자신이 벗어나고 싶어하는 단정치 못한 습관들을 강화해줄 것인지를 생각해 보아야 한다. 지혜의 삶은 다른 삶들과 마찬가지로 그 대가를 요구하는 것이다. 그 삶을 따르려다가 조롱을 당할 수도 있으며, 자신의 공적 생활의 모든 것이 최악의 상태에 빠져버릴 수도 있다. 자신의 일, 지위 등 모든 것이 최악의 상황에 빠질 수도 있다.

보다 높은 수준의 삶을 살기 위한 모든 세부 사항들을 검토해보았다면 이제 모든 노력을 기울여서 밀고 나가야 할 필요가 있다. 그리고 필요한 희생을 마다하지 말아야 한다. 그것은 가장 가치 있는 목표를 위해서라면 치러야할 대가인 것이다. 가장 가치 있는 목표란 자유, 그리고 차분하고 평온한 마음이다. 하지만 자신의 기질을 정직하게 평가해본 뒤에 이에 적당치 않거나 준비가 안 되었다고 생각될 수도 있을 것이다. 그러면 그 추상적인 생각에서 벗어나서 다른, 좀더 현실적인 길을 걸어야 한다.

자신의 기질에 맞지도 않는 것이 되려고 한다면, 또는 현재의 능력을 완전히 벗어난 목표를 세운다면, 결국 말만 앞세우는 우스꽝스러운 신세가 되고 말수도 있다. 처음에는 지혜로운 사람이 되려고 했다가, 관료가 되려고 했다가, 정치가가 되려고 했다가, 시민 지도자가 되려고 하는 등 갈팡질팡하게 되기도 한다. 이 역할들은 일관성이 없다. 아무리 마음이 끌리는 것이 많더라도 모든 방향으로 다 가볼 수는 없다. 모든 것을 다 조금씩 손대보면서 동시에 성실하고 보람 있는 삶을 살기란 불가능한 일이다.

  우리는 각자 한 사람일 수밖에 없다. 좋은 사람이거나 나쁜 사람이란 의미이다. 자신에게는 본질적으로 두 가지 선택이 있으니, 하나는 이성을 계발하고 진리를 고수하는 일이며, 또 다른 하나는 외적인 것을 갈망하는 일이다. 선택은 우리 자신이 할 수 있다. 내적인 일에 자신의 기술을 동원하거나 아니면 외적인 것에 몰두하든 양자 택일 하는 일이다. 즉 지혜로운 사람이 되거나, 아니면 평범한 사람이 되는 일반적인 길을 따르는 일 중 우리는 그 어느 것이든 선택해야만 한다.

07 좋은 목적만을 가지고 대화하라

 우리는 행동과 결과의 도덕적 중요성에 대해서는 많은 관심을 갖고 있다. 그러나 말이 가지는 도덕적인 힘은 흔히 무시하는 경향이 있다. 높은 수준의 삶을 살고자 하는 사람들은 이 점을 이해할 수 있을 것이다. 도덕적 삶의 가장 분명한 징표는 올바른 말이다. 말을 완전하게 하는 것은 진정한 영적 발전에서 대단히 중요한 부분인 것이다.

 무엇보다도 말을 하기 전에 먼저 생각을 해야 한다. 그러면 좋은 목적에서 이야기할 수 있다. 생각 없이 하는 말은 상대를 무시하는 것이다. 또한 편하게 속을 드러내는 것은 자신을 무시하는 일인 것이다. 무의식적인 느낌, 생각, 인상을 모두 말로 표현해야 한다는 강박감을 느끼는 사람들은 의외로 많다. 그들은 결과에 상관없이 마음 속에 있는 것들을 아무렇게나 쏟아 놓는다. 이것은 도덕적으로만이 아니라 실제적으로도 위험한 일이다. 아무 생각 없는 하찮은 수다 속에 정작 중요한 생각들도 묻혀 버리기 십상이다.

필요하다면 아예 입을 다물고 있거나, 조금만 말하는 것이 차라리 좋을 것이다. 말 자체는 선도 악도 아니지만 부주의하게 사용되는 경우가 많으므로 조심할 필요가 있다. 경솔한 말은 상대에게 상처를 줄 수도 있다.

사회적인 요구나 직업적인 요구가 있을 때에는 토론을 할 수밖에 없다. 그러나 토론의 정신과 취지 그리고 그 내용이 가치를 잃어서는 안 된다. 쓸데없는 말을 하고 싶은 유혹은 대단히 강한 것임으로 그 유혹에 잡히지 않도록 주의해야 하는 것이다.

물론 늘 고상한 주제나 철학만 이야기할 수는 없지만 가치 있는 토론을 해야한다. 평범한 잡담은 자신의 높은 목적을 좀먹는 결과를 낳는다. 하찮은 것들에 대해서 허튼 소리를 지껄이면, 우리 자신이 하찮아지는 것이다. 우리의 관심이 하찮은 곳으로 쏠리기 때문이다. 자신은 스스로가 관심을 쏟는 것과 같은 존재가 되는 것이다.

다른 사람에 대한 이야기를 하게 되면 그릇이 작은 사람이 된다. 특히 사람들을 비난하거나, 칭찬하거나, 비교하는 것을 피해야만 한다. 대화가 잡담으로 전락하면, 다시 건설적인 주제로 돌아가도록 노력해야한다. 하지만 처음 보는 사람들과 함께 있다면 그냥 침묵을 지키고 있는 것도 좋은 일이다.

08 사람을 가려서 사귀어라

　입으로는 무슨 말을 하든, 사람들이 꼭 어떤 정신적 가치를 따라서 사는 것은 아니다. 따라서 조심해서 사람을 사귀어야만 한다. 사람은 어울리는 사람들의 습관을 모방하기 마련인 것이다. 우리는 자신도 모르는 사이에 다른 사람들의 관심사, 의견, 가치기준, 또 사건을 해석하는 습관을 받아들이게 된다. 사람들의 의도는 좋더라도 자신에게 주는 영향은 해로울 수 있다. 무엇이 가치 있고 무엇이 가치 없는지 분간하는 훈련을 받지 못한 사람들이기 때문이다.

　어떤 사람이 잘해준다고 해서, 꼭 그 사람과 많은 시간을 보내야 할 필요는 없다. 누군가 우리를 찾는다고 해서, 우리 자신이나 우리의 일에 관심이 많다고 해서, 꼭 그들과 사귀어야 할 필요도 없다. 친구로 사귈 것인지, 동료 또는 이웃으로 사귈 것인지 자신의 주변 사람들을 선별하는 것이 필요하다. 이러한 우리의 주변 사람들은 우리의 운명에 영향을 줄 수가 있다. 세상에는 유쾌하고 재능 있는 사람들이 가득하다. 그러나 중요한 것은 우리 자신을 향상시키는 사람들과 사귀는 것이 생산적인 일이다. 함께 있을 때 자신의 가장 좋은 모습을 고양시키는 사람들하고만 사귀는 것은 좋은 일이다. 우리의 도덕적 영향력은 쌍방향이라는 것을 잊어서는 안 된다. 따라서 우리도 우리가 함께 하는 사람들에게 우리의 생각, 말, 행동으로 긍정적 영향을 주도록 해야 한다. 어떤 사람이 얼마나 탁월한지를 재는 진정한 잣대는 흔히 무시해버리는 작은 행동에 얼마나 주의를 기울이느냐 하는 것이다. 스스로 모범이 됨으로써 다른 사람에게서 가장 좋은 모습을 끌어내는 것이 자신의 의무라고 여겨야만 한다.

09 분명한 생각을 가지고 행동하라

지혜로운 삶은 이성적 삶을 사는 일이다. 따라서 분명하게 생각하는 방법을 배우는 것이 중요하다. 분명한 생각을 갖기 위해서는 올바른 훈련이 필요하다. 분명한 생각을 통해서만 의지의 방향을 제대로 잡을 수 있고, 진정한 목적을 고수할 수 있고, 다른 사람들과의 관련을 발견할 수 있고, 그러한 관계에서 생기는 의무를 찾아낼 수 있다. 모든 사람이 무엇이 감상적이고 그릇된 생각인지 확인하는 방법을 배워야 한다. 정확하게 추론하는 법을 연구해야만 근거 없는 결론을 내리는 일을 피할 수 있다.

시간을 들여서 열심히 공부하여 분명한 생각을 가지도록 하면 속는 일이 없을 것이다. 논리와 효과적 논증의 규칙을 공부하는 것도 큰 도움이 될 수 있다.

지혜롭게 사는 첫걸음은 자만심을 버리는 것이다. 자만심에 빠지면 자신이 모르는 것이 없음을 과시하기 위해서 자신을 과장하게 된다. 현재의 경험들을 이전에 이루어진 범주 속에 억지로 집어넣으려고 한다.

우리는 항상 초심자의 눈으로 세상을 새롭게 보고, 있는 그대로 보려는 노력이 필요하다. 자신이 알지 못함을 아는 것, 되지도 않는 변명을 늘어놓지 않고 알지 못함을 기꺼이 인정하는 것이야말로 진정한 힘이다. 그때서야 비로소 배움의 자리가 준비되고, 어느 쪽으로든 진전을 이룰 수 있기 때문이다.

가장 지혜로운 사람들은 우리 지식의 자연스러운 한계에 고마워한다. 그들에게는 소박함을 그대로 유지하는 용기가 있다. 그들은 우리가 어떤 것에 대해서건 아는 것이 거의 없음을 잘 알고 있는 사람들이다. 포괄적이고 최종적인 지식 같은 것은 없다. 정보나 자료는 엄청날 수도 있고, 또 그것을 교묘하게 이용할 수도 있을 것이다. 하지만 지혜로운 사람들은 정보나 자료를 포괄적 지식이나 초월적 지혜와 혼동하지 않는다.

우리가 아는 것이 거의 없음을 깨닫고 나면, 우리를 교묘하게 속이는 사람이나 선동정치를 하는 사람에게 쉽게 넘어가지 않는다. 오만은 두려움을 감추려는 가면이다. 하지만 더 중요한 것은 오만은 우리의 삶을 윤택하게 하는 가장 강력한 장애라는 점이다. 분명한 사고와 자만은 논리적으로 공존할 수 없다. 우리에게는 이 세상의 모든 사람이 중요하다. 진정으로 마음의 평화를 원하거나, 일에서 성공하기를 원한다면 자만심을 버려야만 한다.

자만은 새로운 지식을 통과시키지 않는 철문과 같다. 자만이 있으면 가능성이 확장되지 않으며, 건설적인 생각이 나오지도 않는다. 자신의 지식, 능력, 경험에 대해서 지나친 자신감을 가지고 있거나, 분수에 넘치는 권력이나 권위를 차지하려고 한다면 그것은 지나친 자만을 가져올 수 있다. 자만이 넘치는 사람들 주위에는 사람들이 모이지 않는다. 더 큰 문제는 자만하는 사람들은 주위에서 사람들이 사라져도 아쉬운 줄 모른다는 것이다. 그래서 유익한 쪽으로 방향을 전환하는 것이 불가능해진다.

자신이 일어난다고 생각하는 일이나 일어나기를 바라는 일이 아니라, 실제로 일어나는 일에 주목하고, 눈으로 직접 보고 귀를 기울여야만 한다. 뭔가를 잘하기 위해서는 겸손한 자세로 더듬거리기도 하고, 본능적으로 행동하기도 하고, 길을 잃기도 하고, 실수를 하기도 해야 한다.

새로운 경험은 우리의 삶에 깊이를 준다. 그 경험을 통해서 우리는 새로운 수준의 능력을 얻을 수 있다. 중요한 지식이나 좋은 길잡이는 예기치 않은 장소에서 나타난다. 그런 지식이나 길잡이를 만나고 싶거나 그것을 이용하고 싶다면 허세를 버리고, 잘난 체하는 태도를 버려야만 한다. 가치 있는 목표를 힘들여 달성했을 때에 얻는 정당한 만족감을 오만과 혼동하지 말아야 한다. 오만이란 자기에게만 몰두하여, 다른 사람들의 일이나 감정에는 아무런 관심을 가지지 않는 것이다.

10 관습을 모두 옳다고 생각하지 말라

우리가 흔히 보게 되는 관습은 의외로 옳지 않은 일이 있을 수도 있다. 그러므로 우리는 그 관습을 그대로 받아들이기에 앞서 자신의 생각에 책임을 져야만 한다. 검증되지 않은 습관을 그대로 받아들여서는 안 된다. 대중적 인식, 대중적 가치, 대중적 행동 방식이 가장 지혜로운 경우는 드물다. 대중의 믿음들 가운데 합리성이라는 검사를 제대로 통과할 수 있는 것은 많지 않다. 관습적 사고는 본질적으로 비창조적이며, 따라서 가치가 없을 수도 있다. 그것은 자기 방어에 몰두하는 개인과 제도를 위하여 현상을 유지하는 데 도움을 줄뿐이다.

그렇다고 새로운 생각에 무조건 덕이 내재된 것은 아니다. 그 생각과 기회를 판단하는 기준은 거기에 생명력이 있느냐 없느냐 하는 것이다. 새로운 생각이 인도주의, 정의, 유익한 성장, 친절, 가능성, 인간 공동체의 이익을 장려한다면 거기에 동의하는 것이 좋을 것이다.

우리 자신의 마음에 나타나는 대로 사물을 살피면 된다. 다른 사람들이 하는 말을 객관적으로 생각하고 난 후에 자신의 신념을 세우는 것이 좋다.

사회적으로 가르쳐진 믿음들은 믿을 만하지 못한 경우가 많다. 우리의 믿음들 가운데 많은 수는 우연하게 또는 무책임하고 무지한 가르침을 통해서 얻어진 것들이다. 그럼에도 불구하고 이런 믿음들은 우리 내부에 깊이 뿌리 박혀 있어서 우리 눈에 잘 보이지 않는다. 규율 잡히지 않은 사람들의 삶은 나태하다. 그 대안이 될 수 있는 건강한 삶의 방식을 찾기 위해서는 깨어있는 의식을 가져야한다. 그리고는 자신의 습관들을 꼼꼼히 살펴보아야만 높은 수준의 기준들을 보존할 수 있다.

많은 사람들이 성실성을 지키겠다고 진지하게 선언한다. 그리고는 곧 생각 없고 무절제한 행동에 몰두한다. 하지만 대부분의 사람들은 자신을 직시하지 못하고, 미래의 행동 기준이 될 만한 일관성 있는 개인적 도덕률을 정리하지 못하고 있다.

사람들이 하는 말에 지나치게 좌우되는 것은 좋지 않은 일이다. 그들이 하는 행동을 지켜보고, 거기에서 나오는 결과를 평가하는 것이 필요하다. 무슨 큰 일을 하려면 우선 집을 청소하고, 정리하고, 보수해야 한다. 우리 마음도 마찬가지로 그렇게 못하면 능률이 떨어지게 마련이다. 어떤 관습을 그대로 받아들이기보다는 스스로 깨어있는 의식으로 제대로 평가하고, 방심하지 말고 자신의 믿음과 충동을 감시하는 것이 좋다.

11 잘못된 습관은 과감히 버려라

다른 사람과 사귈 때에는 두 가지 중에 한 가지 일이 일어나게 마련이다. 그것은 상대와 자신이 비슷해지거나, 아니면 상대를 자신 쪽으로 끌어들이는 일이다. 꺼진 석탄이 불이 붙은 석탄에 닿을 수는 없다. 그때도 꺼진 석탄이 타는 석탄을 꺼버리거나, 아니면 꺼진 석탄도 함께 타오르거나 둘 중의 하나이다. 사람을 사귀는 것은 그만큼 위험이 크다. 따라서 사람을 사귈 때에는 조심해야 한다. 특히 쾌활한 사람을 사귈 때에는 더욱 주의해야 한다.

우리들 대부분은 그렇게 확고하지 못하므로 다른 사람들을 우리의 목적 쪽으로 이끌어 오기가 어렵다. 따라서 우리는 결국 군중이 있는 쪽으로 끌려가기 쉽다. 우리 자신의 가치와 이상은 흐릿해지고 물들어가며, 결심도 흔들리기 쉽다. 이러한 나약한 점들도 습관으로 굳어져 버리면 성공을 가져오기란 어려운 일이다.

동료들이 저열한 화제를 입에 올릴 때 방심하고 있다가는 그 힘에 휩쓸려버리기 쉽다. 대화에는 다양한 의미, 풍자, 개인적 동기들이 많이 숨어 있다. 대화의 속성상 그런 요소들은 순식간에 건강하지 않은 쪽으로 방향을 틀 수 있다. 따라서 지혜로운 감성이 본능처럼 속에 박혀 있어야 한다. 그러면 자기 방어의 힘이 생긴다. 우리는 사람을 조심해서 사귀는 습관과 대화의 방향에 주의를 기울이는 습관을 가져야 한다.

모든 습관과 기능은 그에 부응하는 행동에 의해서 보존되고 강화되게 마련이다. 걷는 습관이 몸에 붙으면 더 잘 걷게 마련이다. 규칙적으로 뛰면 더 잘 뛰게 마련이다. 정신의 문제에서도 마찬가지이다. 화를 낼 때마다 화도 늘어나게 마련이다.

화 잘 내는 기질을 원치 않으면 그 습관을 버려야한다. 시간이 흐르면 노력에 따라 그 나쁜 습관은 약해지고, 결국 더 지혜로운 반응이 가능하게 된다.

12	아침의 10분으로 하루 일과의 성패가 결정된다
13	수동적인 습관이 일과의 진행을 방해한다
14	생활에 엄격함을 가져라
15	좋은 음식 습관을 가져라
16	검소하게 살며, 마음의 여유를 가져라
17	자연을 있는 그대로 마시라
18	합리적인 생활을 위해 자신에게 엄격해라
19	가난을 부끄러워하지 말라
20	자기 체면을 너무 내 세우지 말라
21	적절한 수면으로 매일을 활성화하라
22	잠을 제대로 자는 기술을 익혀라

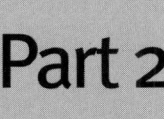

Part 2

행복한 성공을 위한 좋은 생활 습관

12
아침의 10분으로 하루 일과의 성패가 결정된다.

아침 일찍 일어나는 것은 그만큼 다른 사람보다 인생을 빨리 시작하는 것이다. 하루 남보다 10분만 일찍 일어난다고 해도 그 것을 평생 실천한다고 하면 그 시간은 엄청나다. 이런 좋은 습관은 처음에는 몸에 배게 하는 일이 어렵긴 하지만, 일단 한번 몸에 배이면 그다지 어렵지 않게 실천할 수 있다. 반면 나쁜 습관이 한번 습관화되면 어지간한 의지로는 바뀌지 않는다. 하루 일과를 성공하고 싶다면 아침에 일찍 일어나 제일 먼저 그 날 할 일의 계획을 세우도록 하는 것이 좋다. 어떤 일에 성공한 사람은 거의가 아침 일찍 일어나 그 날의 계획을 세웠던 사람들이다. 출세한 사람 중에는 해가 뜨기 전에 일어나 그 날 할 일을 계획했던 사람이 많다.

아침에는 가운이나 슬리퍼가 매우 편하다고들 말한다. 그 이유를 들어보면 '몸을 조르지 않아 편하다' 라는 말인 듯 싶다. 그렇다면 스물 네 시간 몸을 조르지 않는 가운이나 슬리퍼를 착용하면 하루종일 편할 것이란 말이 될 수도 있고, 종일 이런 복장으로 있으면 '옷의 절약' 도 될 것이다. 하지만 그 것은 필요에 의한 것이어야 하는 것이며 때와 장소를 구분해야한다. 가운과 슬리퍼가 사용되는 가장 큰 이유는 '남들도 그렇게 하니까' 로 집약될 수 있다. 하지만 '이마에 구슬땀을 흘리며' 생계를 유지해야하는 사람에게 있어 이런 것은 쓸모 없는 하찮은 것임에 틀림없다. 가운과 슬리퍼가 필수품은 아니기 때문이다.

거울은 적당한 장소에 있으면 편리하다. 그러나 반드시 있어야 되는 필수품은 아니다. 오히려 자신의 얼굴을 바라보며 쓸데없이

시간을 보낸다면 없느니만 못하다. 이런 것이 사소한 문제로 보일지 모르지만, 실상 우리는 매일 행하는 것이기 때문에 시간을 낭비하고 있다는 사실조차 망각하고 있는 것이다.

수동적인 습관이 일과의 진행을 방해한다

우리는 매일 아침 집을 나서기 전 거울을 보고, 면도를 하거나 화장을 하고, 의상을 갖추어 입는다. 이런 일들은 일 년에 한 번 혹은 한 달에 한 번뿐이라면 이야기는 다르겠지만, 이것은 매일 행하는 일상이다. 더구나 불과 5분이면 끝날 일들에 우리는 30분 혹은 50분을 들여가며 많은 시간을 할애하고 있다. 따지고 보면 15분이라는 시간도 인간이 활동할 수 있는 시간의 약 50분의 1에 해당하는 것이고, 따라서 30분, 50분은 몸치장에 들이기에는 너무 긴 시간이다.

어떤 사람은 친구에게 물었다.
"댁의 아이에게 라틴어를 가르칠 생각이신 가요?"

"아니 그보다는 훨씬 자신에게 도움이 될 것을 가르쳐 줄 생각입니다."

"그게 뭘까요?."

"그러니까 냉수에 거울 없이 수염을 깎는 방법을 알려주겠습니다."

언뜻 듣기에는 우스개 소리로 들릴 수도 있지만 이런 사소하지만 시간 절약 습관을 갖는다는 것도 실생활에서는 반드시 필요하다. 오랜 세월 거울 없이, 그리고 온수가 아니어도 수염을 깎을 수 있는 사람은 다음과 같이 말할 수도 있다.

면도에 대한 불편한 점을 생각해보자.
우선 면도를 하기 위해서는 물이 필요하다. 경우에 따라서는 물을 끓이는 목적만으로 가스에 불을 붙여야 한다. 온수에 수염을 깎아야 하는 사람은 그만큼 시간이 많이 걸린다. 다른 일은 당연히 뒤로 미뤄진다. 그런 다음 옷을 갈아 있는 데 시간을 지체한다. 그렇게 하지 않으면 하루를 단정치 못한 차림으로 지내야 한다. 매일 같은 일의 반복이다. 만약 우리가 이렇게 하지 않는다면 청결을 유지할 수가 없다.

여행지에서는 준비가 끝나기를 기다려 출발해야만 한다. 여행지에서 쾌적한 아침시간은 출발 준비를 위해 쓰여진다. 계획했던 시간에 목적지에 도착하지 못하고, 날이 저물어 고생하는 것도 면도라는 일에서 비롯될 경우가 있을 수도 있다.

젊을 때부터 몸치장에 지나친 시간과 수고를 들이지 않는 습관을 몸에 익히고 철저히 지키는 것이 좋다.

14 생활에 엄격함을 가져라

하나님은 방탕한 자식을 가진 부모에게 일러 이렇게 말했다. "그 자식을 마을의 장로에게 데리고 가, '이 아이는 부모의 타이름을 따르지 아니하며, 앞뒤 분별 없이 먹고 마시는 생활에 빠져 있습니다.' 하고 고하거라. 그러면 장로들은 돌을 던져 사형에 처할 것이다."

이 말을 생각해보면 분별 없이 먹고 마시는 죄가 얼마나 큰 죄인지를 알게 된다. 폭음, 과식 등의 사치스러운 음주와 음식은 비난받아 마땅하다. 그런데도 이런 호화스러운 식생활 습관이 전혀 나쁘게 간주되지 않는 경향이 있다. 오히려 술이나 음식의 취향이 세련되었다고 자랑하는 사람이 많다. 그들은 술이나 음식에 대한 화려하고 사치스런 기호를 조금도 부끄럽게 생각하지 않는다.

크리스트교의 어느 신부는 다음과 같이 말한다. "고기와 술의 질과 양이 문제가 되는 것은 아니다. 오히려 그런 것에 빠져드는 마음을 책망하고 먹고 마시는 데 열중하는 마음, 식사를 즐기기 위해서 일과 의무를 소홀히 하는 태도가 문제이다."

  그러나 음식물의 질과 양은 문제가 되어야 한다. 사치스러운 음식을 먹고 싶어하는 욕구는 바람직하지 못하니, 미식의 습관을 가졌다면 자신을 돌아보는 것이 좋을 것이다. 미식은 인간의 행복을 파괴하는 습관이다. 어릴 때부터 그런 습관에 물들지 않도록 조심하여야 한다.

  미식에는 많은 돈이 소용될 것이다. 미식가의 욕구를 충족시키기 위해서는 값비싼 요리재료가 필요하고, 또 멋진 접시가 있어야 한다. 단 한 사람의 식욕을 채우기 위해 적어도 한 사람, 또는 두 사람이 그 일에만 매달려야 한다는 것은 엄청난 손실이다. 몇 사람의 미각을 만족시키기 위해서 상당한 연료, 요리 도구 주방이 필요하다.

  어느 영국인 작가는 이렇게 쓰고 있다.

  "몇 년 전 저의 문하에 필기자(筆記者)를 지망하는 청년이 찾아왔습니다. 계약이 성립되자 저는 그에게 자리에 앉아 일을 시작하도록 부탁했습니다. 그런데 그는 창문을 통해 교회의 시계를 보더니 약간 당황하는 기색으로 '지금은 일을 할 수가 없습니다. 식사를 하러 가지 않으면 안 되니까요'라고 말하는 게 아니겠습니까? 그래서 저는 '식사를 하러 가야 합니까? 예 그렇군요. 식사가 중요하다면 그 중요한 일을 하러 가십시오. 그런 마음가짐이라면 우리는 더 이상 함께 일을 해나갈 수 없겠군요' 라고 그를 거절했습니다.

  그 청년은 당시 일자리가 없어 대단히 곤궁에 처해 있었습니다. 그러면서도 일할 곳을 찾은 바로 그 순간에도 먹고 마시기 위해 직장을 잃어버리고 만 것입니다. 식사라면 서너 시간 후로 미뤄도 상관없을 텐데 말입니다."

15 좋은 음식 습관을 가져라

술을 마시지 못하는 사람들은 음주 가들에게 무시당하는 경향이 많다. 하지만 술을 마시지 못하는 사람들을 대접하는 일은 그다지 힘들지 않고, 그들의 비위를 맞추기 위해 애쓰지 않아도 된다. 그들은 대부분 불편하게 느낄 정도로 오래 앉아 있지 않으며, 상대방에게 강제로 술을 권해 난처하게 만들지도 않는다.

그에 비해 술꾼들은 초대하기가 껄끄럽다. 그런 손님을 대접하기는 참으로 어렵다. 누구도 선뜻 술꾼을 초대하려 하지 않기 때문에 자연히 '술꾼인 애주가'들은 홀로 남겨져 외로운 식사를 한다.

이 세상에서 가장 중요한 것은 건강이다. 건강보다 더 가치 있는 것은 아무리 찾아도 없다. 건강을 위해서는 과음 과식을 삼가야 할 뿐만 아니라 지나친 습관은 버려야 한다.

차려진 음식은 얌전히 조심스럽게 먹을 것, 걸신들린 듯이 이것저것 마구 먹어대면 사람들의 눈총을 사기 쉽다. 식사는 배가 너무 부르지 않을 정도로 적당히 억제할 것, 그래야만 건강한 수면을 취할 수 있으며 아침에 기분 좋게 잠에서 깨어날 수 있다.

위의 사항을 잘 지키면 조금의 음식으로도 충분히 만족한다. 고기를 너무 많이 먹으면 병의 근원이 된다. 또 대식가는 화를 잘 내는 경향이 있다. 폭음, 과식이 원인이 되어 죽는 사람도 많다. 식이요법은 수명을 연장시킨다.

검소하게 살며, 마음의 여유를 가져라

"나 정도로 많은 일을 이룩한 사람은 없다. 나에게 이만큼의 일이 가능했던 것은 미식에 대해 흥미가 없었기 때문이다. 아직 어린 아들과 서기만을 데리고 고향의 가족과 떨어져 도회에 살고 있었을 때 나는 몇 주 동안 양다리 고기만 먹고 지낸 적이 있다.

첫째 날은 양다리를 삶거나 구워서 먹고,

둘째 날은 굽거나 삶아서 냉동시킨 고기,

셋째 날에는 잘게 썰어진 고기를 먹는다.

그 다음날은 다시 첫째 날처럼 양다리를 삶아 먹으며 이것을 반복하였다. 혼자 지낼 때 나는 언제나 이런 식으로 했다. 매일 같은 것을 먹거나, 몇 일을 주기로 몇 가지 방법을 되풀이하면서 정한 시간에 꼭 식사를 하였다. 더구나 식사 중에는 쓸데없는 이야기를 하지 않았다. 이런 식이었기 때문에, 나는 지금까지 세 끼를 합하여 하루 35분 이상을 식탁에 앉아 있었던 적이 없다. 나는 신선하고 청결한 음식을 좋아하며, 그런 것을 먹도록 항상 주의하고 있다. 나에게 있어 음식은 몸에 좋고 청결하기만 하면 그것으로 충분하다. 자신의 입에 맞지 않는다고 투덜거리려면 먹지 않으면 된다. 그런 불만을 가진 사람은 언제까지나 허기진 배를 감싸고 있으면 그만인 것이다."

어느 사람의 음식 습관에 대해 이야기 한 내용이다. 독자에게 양고기를 먹으라는 이야기가 아니며, 또한 하루 35분 이상 식탁에 앉아있지 말라는 이야기도 아니다. 그러나 생각해야 할 점이 있다. 근면함으로 유명한 이 사람이 말한 것을 믿는다면, 미식을 배제하고, 규칙적으로 몸에 좋고 청결한 것을 먹는 습관이 건강과 행복을 위해 반드시 필요하다는 것이다. 하지만 앞에서의 방법 중에는 모범으로 삼기에는 적당치 않은 것, 즉 급히 먹는 식사방법은 좋지 않다.

어느 상인은 "상대에게 실례가 아니라면 나는 8분 이내에 식사를 끝내고 싶다."고 말했다. 물론 마음만 먹는다면 5분 동안에 식사를 할 수 있다. 그러나 이것은 음식을 통째로 삼키는 것과 같으며, 먹는다고 말할 수 없다. 이렇게 해서는 치아나 타액에 아무 도움이 되지 않는다.

음식을 5분이나 10분 이내에 삼켜버리는 것은 일에 시달리는 근로자들 사이에서 습관이 되다시피 한다. 하지만 이 습관은 건강에 커다란 해를 가져오며 하루에 35분밖에 걸리지 않는 식사는 비능률적이다. 어떤 사람이든 1시간 정도는 식사를 해야 한다. 그래야만 치아나 타액이 본래의 기능을 다할 수 있다.

급한 식사 습관을 가진 사람에게 돌아오는 대가는 다름 아닌 위나 간장의 기능장애, 통풍, 류머티스 등의 비싼 경제적 대가를 치러야 한다. 그렇게 되면 식사시간을 절약한 몫보다도 훨씬 많은 시간을 잃게 되는 셈이다. 활을 언제나 당긴 채 쥐고 있으면 틀림없이 부러져 버리듯이 마음도 항상 팽팽히 긴장한 채 지낼 수만은 없다. 몸도 마음도 쉴 시간이 필요하며 반드시 휴식할 필요가 있다. 너무 오래 식사에 시간을 들여서는 안 되겠지만 잘 씹어서 먹는 여유는 필요하다.

17 자연을 있는 그대로 마시라

차나 커피를 마시는 습관은 그다지 좋은 습관이 아니다. 연구 결과에 따르면 차나 커피는 건강에 나쁘다고 한다. 아무리 금주, 절식, 일찍 일어나기를 실행한다고 해도 완전히 건강해지지는 않는다. 차와 커피를 끊고 나서야 비로소 완전한 건강을 얻을 수 있다.

만일 차, 커피, 수프, 술 등, 음료를 매일 하루 1~2리터씩 마시고 있다면 건강에 상당히 나쁘다. 자연이 마련해준 순수한 음료, 즉 물만을 마신다면 아주 바람직한 일이다. 건강인이라면 물로 충분하다. 다른 음료는 필요치 않으며, 물이 최고의 음료수이다.

음식, 음료는 요란하지 않은 것이 으뜸이다. 지금 말한 것처럼 사람에게 유일한 음료는 물이지만, 생명을 유지하기 위한 음식에는 여러 가지가 있다. 그 가운데서 일반적인 견해와 자신의 경험에 비추어 가장 도움이 될 음식을 선택해야 한다. 인간은 어떤 음식을 먹어도 살아갈 수 있지만 그 많은 종류 중에서 적극적으로 선택하여 먹어야 한다.

자신에게 유익하다고 믿으면 처음에는 싫어하던 음식도 차츰 좋아지게 된다. 따라서 식생활 습관은 되도록 빨리 익혀야 한다.

다음의 두 가지는 늘 기억하고 있는 것이 좋을 것이다.

1. 한번에 먹는 식사의 양은 그다지 많지 않아야 한다. 아무리 좋은 음식일지라도 많이 먹는 것은 이롭지 못하다.
2. 식사를 하여 원기를 회복했으면 필요량은 섭취한 것이다. 식탁에 오래 앉아 쓸데없이 시간을 낭비하지 말아야 한다.

18 합리적인 생활을 위해 자신에게 엄격해라

　　　자신의 성공이 실질적으로 엄격한 자기 통제 때문이라고 말하는 사람이 많다. 그런 습관이 없었다면 아무리 착실하고 사려 깊게 절도를 지켜도 그 정도의 성공을 거두지는 못했을 것이라고 말한다.

"내가 군대에서 남들과 달리 월등히 빠른 승진을 할 수 있었던 이유는 무엇보다도 빨리 일어나는 습관과 효과적인 시간활용 덕분이다. 나는 언제든지 즉시 행동할 수 있는 태세를 갖추고 있었다. 10시에 보초를 서도록 명령받으면 9시에 이미 준비를 끝냈다. 덕분에 나는 일 분도 사람을 기다리게 한 적이 없고 어떤 일에 늦어 본 기억도 없다.

20세가 되기 전 하사에서 한 번에 특무상사가 되고, 30명의 상사 위에 서게 되었다. 그것은 사람들에게 시기와 미움의 대상이 되기에 충분했지만 일찍 일어나는 습관 덕분에 남들로부터 시기 당하는 걸 면할 수 있었다. 이른 시각에 나는 아침 사무를 끝내고 날씨가 좋은 날이면 나도 한 시간 정도 행군에 참가했다.

나의 습관이란 다음과 같다.

항상 동이 트기전에 일찍 기상하여 수염을 깎고 옷을 입으며, 어깨에는 검대를 찬다.

그리고 자신의 테이블 위에 검을 내려 두고 언제든지 옆구리에 끼고 나갈 수 있도록 한다. 그리고는 빵, 치즈, 돼지고기를 먹는다. 그런 후 보고서를 쓴다. 부하로부터 자료가 도착하는 즉시 한쪽부터 기입해 간다.

이것이 끝나면 한 두 시간 독서할 여유가 생긴다. 그 후 연대가 아침연습으로 외출하는 날 이외는 옥외의 임무에 옮길 시간이 된다. 연습의 지휘가 나에게 맡겨지면 언제나 나는 총검이 아침 햇살에 투명하게 빛날 시간을 선택해 임무를 수행했다.

햇살을 고스란히 받아 보이는 모든 것은 빛이 났다. 나는 가끔 햇살이 소낙비처럼 주룩주룩 내리고 있다는 생각이 들었다. 그대로 받아 마시면 살이 될 것만 같은 태양아래서 나는 말로 표현하기 어려운 환희를 느꼈다.

대개의 장교가 외출하는 시간은 8시나 10시였다. 한낮에 땀을 흘리고 저녁 준비를 할 시간이 되면 그들은 느닷없이 돌아오곤 한다. 그러면 모든 것은 엉망이 되고 불쾌해진다. 내가 사령관이 됐을 때, 부하들은 만 하루동안 여가를 즐길 수 있었다. 마을이나 숲으로 한가롭게 외출을 나갔다. 그들은 산딸기를 따고 새를 잡고, 또 어떤 이는 낚시를 한다.

  그 중에는 뭔가를 만드는 일에 열중한 사람도 보였다. 한 사람의 젊은이가 일찍 일어나는 습관을 가지고 있는 것만으로 많은 사람들이 이렇게 기분 좋은 하루를 보낼 수 있는 것이다."

19 가난을 부끄러워하지 말라

　다윈은 가난을 부끄러워하는 것이 일종의 병이라고 말하고 그 치료법을 제시하고 있다. 가난은 현실이라기보다 상상력의 산물이다. 남으로부터 가난하다는 것이 인정되어질 때 느끼는 부끄러움, 그것이 가장 치명적인 약점이다.

　허세를 부리는 만큼 돈에서 멀어진다. 가난을 부끄럽게 생각하는 것은 현대의 기류이다. '훌륭한 사람'이란 부자를 가리킨다고 인식되어지는 한, 누구나 자신을 실제보다 부자로 보이려 한다. 우리 주위를 보면 부자는 부추김을 받고 가난한 사람은 무시되는 경향이 있다 대재벌이라는 이유만으로 존경받고 찬미되어지는 현실 앞에서 가난을 부끄러워하는 것이 당연시되기도 한다.

　그러나 그런 생각은 젊은이들이 인생의 첫발을 내딛을 때 맞이하게 되는 가장 큰 위험이다. 그런 감정 때문에 금전적 파탄을 초래할 수 있다. 바람직한 민주주의 사회는 사람들이 자신의 재산이나 가난에 대해 자만하거나 숨기는 일없이 솔직하게 말할 수 있을 때 이루어진다. 가난하다 하여 소외되지 않고 부유하다 하여 편중되지 않을 때 진정한 민주주의가 이루어진다.

남들로부터 가난하다고 손가락질 받는 것을 창피하게 생각하는 사람은 가난을 숨기기 위해 언제까지나 무리를 하게 된다. 고급 자가용, 가정 집기, 식기, 의상…… 등 겉모양을 자꾸 치장한다. 이런 것이 즐거워서가 아니라 그렇게 하지 않으면 돈이 덧없다고 남들이 생각할까 두려워 끝없이 자신을 꾸미는 것이다. 이런 식의 생활은 결국 오래지 않아 실제로 빈곤하게 된다. 가난을 두려워하는 조

바심이 열심히 일할 마음을 앗아가 버리고, 초라한 빈털터리를 낳는다. 가난함을 창피하게 여기는 것은 반드시 버려야만 할 잘못된 생각이다.

20 자기 체면을 너무 내 세우지 말라

자기 체면을 유지하려 애쓰는 사람은 의외로 많다. 그러나 그것이 자신을 불행하게 한다는 사실을 알지 못한다. 이제까지 해왔던 생활방식을 하루아침에 바꾸기는 힘들다. 술을 즐기는 것을 생활수준의 척도로 삼고, 생활의 기본이라 생각하는 이가 많다. 무엇보다 이런 사고방식을 없애는 것이 선결되어야 다른 문제들도 해결된다.

한 잔의 와인은 쓸데없는 지출을 필요로 한다. 술은 자기 시간관리뿐 아니라 건강에도 해롭다. 와인에도 소량의 알코올 성분이 함유되어 있으며, 다른 주류가 그 이상으로 유독하다는 사실은 이미 알려진 사실이다. 병이 생기는 원인 중 가장 빈도수가 높은 것이 바로 알코올이라고 한다. 이 술은 일단 몸에 들어가 일부가 되면 자신을 내세우려하게 하고 이성을 혼란스럽게 만든다.

가난의 원인은 이른바 훌륭한 생활, 그것에서 비롯되는 수도 있다. 즉 어리석은 행동과 무분별한 과욕 그리고 허세가 원인이 된다. 앞에서도 말했듯이 가난한 사람을 경멸하는 것도, 부자를 존경하는 것도 잘못이다. 사람의 행동을 보고 인물을 평가해야 한다. 사람들이 체면을 지키려 애쓰는 것은 지나치게 가난을 두려워하기 때문이다. 대부분의 사람들은 남에게 가난하게 인식되어질까 조바심을 한다. 자신의 가난을 눈치챌까 두려워한다. 다시 말하면 사회적 하층 계급이 되기를 주저하는 것이다.

가난 때문에 자살을 하는 경우 거기에는 분명 어떤 이유가 있는 것 같다. 그러나 가난이 목숨과 바꿀 정도로 치명적인 부끄러움이어서는 안 된다. 비단옷을 입은 나와 누더기 옷을 입은 나의 차이점은 외관상 화려하고 소박한 차이가 있을지 몰라도 몸과 마음은 변함이 없는 '나'에 불과한 것이다.

21 적절한 수면으로 매일을 활성화하라

저녁 식사 후 와인을 한 병 마실 뿐 그 이상의 술은 마시지 않는 사람이 있다고 하자. 그는 자신은 훌륭히 술을 절제하고 있다고 생각할 수도 있을 것이다. 대부분의 사람들 중 10시나 11시에 자는 것은 아직 이르다고 생각하는 사람이 있는가 하면, 10시면 너무 늦다고 생각하는 사람도 있다.

아침공기는 건강에 좋다는 말을 자주 한다. 그러나 많은 학자들이 그것은 잘못이라고 주장한다. 충분한 수면을 취했기 때문에 공기가 상쾌하게 느껴질 뿐이라는 것이다. 자기 자신이 공기를 받아들이는 느낌이 변한 것이지 공기가 변한 것은 아니라는 것이다. 즉 육체와 정신이 전날 밤보다 건강해졌을 뿐 주위의 공기가 변한 것은 아니라는 뜻이다.

아침공기가 건강에 나쁠 이유는 없다. 뿐만 아니라 아침 일찍 일어나는 이점은 얼마든지 있다. 일찍 잠을 자는 습관을 실행한다면 늦잠에 대한 두려움은 자연스럽게 없어질 것이다.
　일찍 일어나는 습관은 하루의 탄력을 준다. 일찍 일어나는 습관은 좋은 점을 많이 가져온다. 우선 아침 일찍 일어나 일의 계획을 세우고 민첩하게 일에 착수하면 그 날은 하루종일 일이 잘 풀린다. 반면 늦잠을 자면 일에 쫓기게 된다.
　아침에 일찍 일어나 하루의 일을 시작하는 기분은 각별하다. 생각, 말, 행동에 탄력이 붙는다. 또한 그 상태는 하루종일 지속된다. 단순한 기분이 아니라 실제로 많은 일에 능률이 오른다.
　인간은 자신의 습관이나 버릇에 대해 자기 합리화를 하게 마련이다. 잠이 많은 사람은 "자신은 하루 중 아침 일찍 일어난 사람과 같은 양의 일을 한다"고 주장한다. 물론 그런 경우도 있을지 모르지만 현실을 보면 대체로 그 반대이다. 동작이 기민하고 활력에 넘쳐 있는 사람은 대부분 아침에 일찍 일어나는 사람들이다. "일요일을 유용하게 보내면 일 주일이 순조롭다"라는 말이 있다.
　어느 영국 작가는 다음과 같이 쓰고 있다. "수면이 충분한데도 이불 속에서 잠이 든 것도 눈을 뜬 것도 아닌 상태로 시간을 보내는 것만큼 어리석은 시간 낭비는 없다. 깨어 있으면 무엇인가를 할 수 있으며, 잠들어 있다면 행동하는데 필요한 휴식을 취할 수 있다. 그러나 꾸벅꾸벅 졸고 있을 뿐 통나무처럼 길게 누워 있어서는 살아 있다고 말하기도 어렵다."

예일대학의 어느 교수는 강연할 때에는 "절대 두 번 자는 일이 없도록 하라"고 늘 강조했다고 한다. 건강한 사람이 이 규칙을 준수하면 선잠이나 늦잠은 없어진다. 수면이 불충분한 채 일어나지 않으면 안 될 때에는 다음 날 밤에 그 몫을 보충하면 된다.

잠을 제대로 자는 기술을 익혀라

장수하는 사람은 대부분 일찍 일어나는 습관을 갖고 있다. 특히 경험 많은 의사들은 장수의 요인으로 일찍 일어나는 것을 들기도 한다. 12시 이전의 한 시간 수면은 그 이후의 두 시간과 같다. 2-3시간 저녁 식사시간을 늦추는 것보다 언제나 먹던 시간에 식사를 하는 편이 소화가 잘된다. 인간은 낮 시간에 활동을 하고 밤에는 잠을 자도록 만들어져 있다. 밤이라는 것은 단지 어두워졌다는 피상적인 의미가 아니다.

겨울과 북극을 생각해 본다면 이에 대한 좋은 예가 될 것이다. 10시에 잠자리에 들어야 할 것을 12시까지 자지 않고, 그 대신 다음 날 아침에 2시간 더 잔다고 하면 이는 극히 비경제적이다. 예를 들어 이런 습관을 50년 동안 계속 유지한다면 막대한 양의 광열비가 들게 된다. 이것이 한 사람 한 사람 따로 보면 대단한 비용이 아닐 수도 있지만 그 비용을 한데 모으면 막대한 액수가 된다. 뿐만 아니라 밤늦게 잠을 자거나 늦잠을 자면 건강과 체력의 손실을 가져온다. 이는 광열비보다 훨씬 큰 것을 잃는 결과를 초래한다.

다시 강조하건대 수면은 12시전의 한 시간이 아침의 한 시간보다 가치가 있다. 아침의 수면효과는 낮기 때문에 늦잠으로 밤에 자는 것만큼의 휴식을 취하려면 상당히 긴 시간을 자야만 한다.

12시에 자서 9시에 일어나는 사람은 10시에 자서 6시에 일어나는 사람에 비해 한 시간을 더 잔 것이다. 그러나 얼마만큼 쉬었는가를 생각하면 분명 휴식 량은 일찍 자고 일찍 일어난 사람보다 적을 것이다. 이것은 하루 한 시간의 손실이다. 청년에게 있어서나 노인에게 있어서나 시간은 정신적 향상을 위해서 값을 매길 수 없을 만큼 소중하다. 특히 아침 시간은 아주 소중하다. 필요이상으로 많은 수면을 취한 경우는 하루 1시간을 더 잤을 경우 두 배의 시간 낭비가 된다. 이런 막대한 시간 낭비에 놀라움을 느낄지도 모른다. 필요한 것은 졸고 있는 마음의 눈을 뜨고, 자신의 어리석은 습관을 버리는 일이다.

나폴레옹은 타국으로 쳐들어가 그 나라의 황제를 퇴위시켰다. 그렇게 하기 위해 그는 하루 4시간밖에 자지 못했으며, 누구도 흉내낼 수 없을 정도로 두뇌와 몸을 사용했다. 훌륭한 일을 한 인물들 중에는 하루 6시간 이상 잠을 자는 사람은 별로 없다고 한다. 하지만 8시간을 자고도 아직 충분하지 않다는 사람이 많다. 남이 할 수 있는 일이라면 자신도 할 수 있다. 자신을 이기는 싸움이 무엇보다도 중요하다. 그것은 나폴레옹, 시이저, 알렉산더 대왕이 싸워 이긴 승리보다 훨씬 고귀한 승리이다. 남을 이기기는 쉬워도 자신을 이기기는 훨씬 어렵다. 정신적 힘은 단순한 폭력에 앞서기 때문이다.

23	성공은 도전하는 사람에게만 주어진다
24	무엇을 할 것인가를 지금 결정하라
25	행복을 자신의 것으로 만들어라
26	가장 건전한 양식을 가지고 살아라
27	노예의 삶보다는 주인으로서의 삶을 살아라
28	없는 것을 요구하지 말라
29	인색과 검소를 제대로 구별하라
30	지금 당장 바로 시작하라
31	돈을 쓰듯이 시간을 쓰라
32	자신을 사랑하듯 부모와 상사를 사랑하라

Part 3

행복한 성공을
위한 성공의 원칙

23

성공은 도전하는 사람에게만 주어진다

　　자신의 목표 수준을 너무 높게 잡으면 좋지 않다고 생각하는 사람들이 있다. 교사들 중에는 아이들에게 모든 답이 제시된 교과서를 주는 것 보다 문제만 주어진 문제집을 주는 쪽이 훨씬 빨리 글자를 익힌다고 생각하는 교사도 있다. 답이 나와 있는 교과서를 받은 학생은 하고싶은 의욕을 잃어버리기 쉽지만, 약간 수준이 있으면서 답이 감추어진 교과서를 받은 학생은 자신도 이 정도는 할 수 있다는 생각 때문에 의욕을 갖게 된다는 것이다.

　하지만 이는 잘못된 생각일 수도 있다. 글씨를 잘 쓰기 위한 것이라면 아이들에게 가능한 한 완벽한 글자 교본을 주는 것이 훨씬 효과적이다. 아이는 반드시 자신이 갖고 있는 글자 교본을 흉내내어 쓸 수 있을 것이다. 어떤 아이이건 자신도 할 수 있다는 가능성이 조금이라도 보이면 스스로 하고 싶은 마음을 가지게 되기 때문이다.

인간은 모두가 다른 듯 하지만 실상은 공통적인 요소를 더 많이 갖고 있다. A라는 사람에게 가능한 일은 B라는 사람에게도 충분히 가능하다. 따라서 인간이 할 수 있는 일이라면 가능한 한 모든 일에 도전하는 마음가짐을 가져야 한다.

인간은 이성을 가진, 생각할 줄 아는 유일한 동물로서 최고의 행동기준을 갖고 있다. 그러므로 인간은 그 높은 기준에 어긋나지 않도록 노력해야만 한다. 목표를 낮게 가진 사람은 낮은 성과밖에 기대할 수 없다. 따라서 우리들은 높은 이상을 가지고 커다란 일에 도전해 보려는 용기가 필요하다.

우리 주위에는 인생의 목표를 전혀 갖고 있지 않은 사람, 또는 갖고 있다고 해도 극히 낮은 수준의 목표만을 가진 사람이 의외로 많다. 그런 사람들은 남들이 살아가는 그 노선을 따라 사는 안전지향의 삶을 추구하지만 성취감을 느끼지 못하는 불행한 삶을 사는 것이다. 이와는 반대로 높은 목표를 갖고 도전적인 삶을 살아가려는 사람도 있다. 그는 삶을 진지하고 열정적으로 살아가는 행복한 사람이다. 진보와 성공은 개개인이 갖고 있는 목표의 높이에 따라 결정된다.

"태양을 향해 화살을 쏘는 자는 비록 태양을 쏘아 떨어뜨리지는 못해도 자신의 신장 정도의 표적을 겨냥한 사람보다는 훨씬 높게 그 화살을 날릴 수 있다"는 명언이 있듯이 인격 형성에 있어서도 이 말은 그대로 적용된다. 하지만 태양을 쏘아 떨어뜨리는 것은 사실상 불가능하다는 점을 명심해야 한다. 높은 목표를 가지라는 말은 단순히 불가능한 일에 도전하라는 의미는 아니다.

"할 수 없다"의 한 마디를 억제했을 때 가능성이 열린다. "자신이 결정한 것이라면 무엇이든 할 수 있다." 이렇게 말해도 과언은 아니다. 사회에 도움이 될 만한 인간이 되고자 결심했다면 반드시 그처럼 될 수 있다. 자신에게 커다란 일이나 뛰어난 일을 할 수 있는 능력이 있음에도 이를 믿지 않고 자신감을 상실한 채 방황해서는 안 된다.

그렇다면 알렉산더 대왕과 시저, 찰스 대제, 나폴레옹, 워싱턴 같은 인물들, 이 위대한 인물들도 전에는 우리와 공통점이 너무도 많은 그저 평범한 인간에 불과했던 이들이다. 우리 보통 사람들과 그들, 위대한 사람들이 다른 점은 자신의 능력을 최대한 발휘했다는 것뿐이다. 우리는 이제부터라도 "그들에게 가능했던 일이라면 틀림없이 자신에게도 가능하다"라는 신념을 가져야 한다. 이러한 신념을 갖기가 힘들다면 적어도 그들에게 조금이라도 다가가려고 노력해야 한다. 결심만 하면 많은 일들이 가능해진다.

"해보자" "우선 손을 댄다"가 때로는 큰 성과를 가져온다. "할 수 없어, 할 수 없어"라는 말만 계속 되풀이하면 우리가 이룰 수 있는 것은 아무것도 없다. 해보려고 하는 결심이 기적을 가져오는 기저가 되는 것이다.

어느 젊은이가 방탕한 생활 끝에 가산을 모두 탕진하고 말았다. 이 남자는 생각 끝에 벼랑으로 몸을 던져야겠다고 결정했다. 그러나 벼랑에서 떨어지려던 순간 이 남자는 갑자기 생각을 바꿔 자신이 잃어버렸던 모든 것들을 다시 되찾아보기로 했다.

그래서 그는 열심히 노력했다. 처음에는 석탄을 운반하는 날품팔이 노동을 했고, 차근차근 돈을 모으며 살았다. 많은 역경을 겪었지만 목표했던 바대로 성실히 수년을 살았던 그는 자신도 모르는 사이에 자신의 부자였던 시절보다 훨씬 더 큰 부자가 되어 있었다. 그리고 마침내는 막대한 재산을 모을 수 있었다.

나폴레옹의 체력과 정신력, 프랭클린과 워싱턴의 근면함, 지혜와 강한 인내심 그리고 바른 규율 등을 갖춘다면 아무리 높은 목표도 반드시 실현할 수 있다.

24 무엇을 할 것인가를 지금 결정하라

이전에도 그러했지만 요즘 젊은이들 중에도 자신의 사고와 행동에 목적이 없는 사람이 많다. 그들 대부분은 가치가 낮은 목적이나 전혀 무가치한 목적을 선호하고 있다.

우선 가치 있는 목적을 가지려면 자신의 행복을 중요시하며, 거기에 관심을 기울여야 한다. 우리는 모두 욕구, 말, 행동 속에서 자신의 행복을 구하는 습성이 있다. 그럼에도 불구하고 우리는 행복에 이르는 길을 때때로 잃어버린다. 그것은 길 안내를 해줄 친구가 없거나, 스스로가 길 안내를 거절해 버리기 때문이다.

또한 몇몇 사람들은 얻기 쉬운 행복에 안주하고 그것에 집착한다. 큰 행복을 얻으려면 힘이 많이 드니까 행복을 향해 고개를 돌린다. 그런 사람은 작은 행복만을 손에 쥔 채 안주해 버린다.

두 번째로는 자신의 가족을 존중해야 한다. 대부분의 사람들은 자신이 얼마나 가족, 그 중에서도 부모로부터 은혜를 입고 있는지를 망각한 채 살고 있다. 적어도 자신이 부모가 될 때까지 우리는 부모가 얼마나 당신을 염려하고 있는지 알지 못한다. 그러나 우리는 부모가 되기 전에 부모의 소중함을 알아야 한다. 그런 마음가짐이 없다면 그는 부모가 될 자격이 없다.

세 번째로 사회를 위해 인격을 크게 향상시키도록 노력해야 한다. 우리는 주위 사람들에게 공헌하고 싶어도 자신의 능력을 몰라서 그것을 행동으로 옮기지 못하는 경우가 있다. 이럴 경우 친구나 선배들의 충고를 귀담아 들어야 한다.

행복을 자신의 것으로 만들어라

사람은 누구나 앞에 예로 들었던 세 개의 행동 목적에 관심을 가지고 있다. 자신의 행복을 추구하지 않는 사람, 부모와 가족과 친구를 기쁘게 하고 싶지 않은 사람, 사회에 공헌하고 싶지 않은 사람은 아마도 한 사람도 없을 것이다. 대부분의 사람들은 이와 같은 행동목적에 대해서 얼마간은 생각을 하고 있을 것이다. 물론 누구나 자신의 행복을 추구하며, 세상 사람들의 평가를 존중한다. 그러나 자신을 정말로 행복하게 하는 것이 무엇인지에 대해서 잘못된 생각을 하는 사람이 많다.

행복은 '부'로부터 얻을 수 있다고 생각하는 사람이 너무나 많다. 그들은 낮이나 밤이나 '부'를 지상 목표로 삼고 '부'를 위해서 어떠한 수단방법도 마다하지 않는다. 하지만 그들도 '부' 그 자체에 가치가 있다고 생각하지는 않는다. 그 대신 '부'가 자신이 한결같이 원하는 모든 행복을 손에 넣기 위한 확실한 수단이 되어줄 것이라 생각하는 것이다.

실제로 우리는 행복해지기 위해서 부를 추구하면 추구할수록, 돈을 벌기 위한 계획과 사업이 성공하면 성공할수록 처음 마음먹었던 목적을 잊고 사는 경우가 많다. 그래서 결국에는 부를 위한 부를 추구하게 되고, 마침내는 부자가 된다는 것이 행동의 제일 목적이 되어 버린다.

관능적인 기쁨과 사회적 명성을 추구하는 경우도 마찬가지이다. 그러한 것을 얻으면 얻을수록 인간 본래의 심성은 잃어버리고, 그런 것에 몰두하면 몰두할수록 그 밖의 다른 목적에는 관심을 두지 않게 마련이다.

자신과 우리 주위의 행복을 최대의 목적으로 삼고 행동한다면 많은 것을 이룰 수가 있다. 물론 현실적으로 주위 사람을 모두 행복하게 해주기에는 역부족이라 생각할지도 모른다. 그러나 비록 그렇다해도 아무 생각 없이 사는 많은 사람들보다 그는 훨씬 유익한 인물이라 할 수 있다.

26 가장 건전한 양식을 가지고 살아라

근면, 또는 성실한 습관은 행복한 삶을 영위하고, 또한 사회공익에 도움이 될 인간이 되기 위해 무엇보다 중요한 것이다. 성서에는 "일하지 않는 자는 먹지도 말라"는 말이 있는데 이 말은 건전한 의식을 바탕으로 한다. 건강한 육체와 건전한 정신을 가지기를 원한다면 살아가기 위한 노동을 마다해서는 안 된다. 노동이 싫다면 어딘가 다른 별개의 혹성을 찾아 이사를 가야 할 것이다.

노동의 종류에는 여러 가지가 있다. 완전한 정신 노동이 있고, 완전한 육체 노동도 있다. 그러나 어느 쪽이나 다 사회에 도움이 된다. 세상에는 무수한 종류의 직업이 있다. 우리는 그 중에서 특정한 직업을 선택하게 된다. 그리고 그 어떤 직업도 사회에 있어서 중요하지 않은 것은 없다.

어쨌든 우리는 무엇인가 일을 하지 않으면 안 된다. 비록 충분한 재산을 상속받았다고 해도 건강과 행복을 위해 일을 해야 한다. 가령 자신이 일을 하지 않아도 어려움이 없을 만큼의 막대한 부가 있을지라도 일을 해야만 한다. 왜냐하면 타성에 젖은 나태한 생활을 하면 그것은 자신의 건강이나 정신 건강에도 좋지 못하기 때문이다. 또한 사회와 자녀에게도 본이 되지 못한다. 아이들은 어쩌면 부모에게 그 부모가 신성한 노동을 통해 번 돈을 요구할 권리가 있다.

진정 올바른 삶을 살아가려면 스스로 경제적으로 자립하겠다는 생각을 가지고 인생을 출발해야만 한다. 출세를 위해서는 자신의 능력에 의지하는 게 필요하다. 타인에게 도움을 구하는 행동은 대체로 나태한 인간이 하는 것이다. 우정이나 타인의 호의 인정 등에 의지해 가까스로 일자리나 신용을 얻었다고 해도 자신이 스스로 서고자 하는 노력을 하지 않는다면 그런 지위와 신용은 불확실한 것이며, 언제 어느 때나 박탈되거나 사라져버리고 만다. 반면 남이 아닌 자신에 의지하면 그 지위는 더욱 견고해지며, 결코 쉽게 흔들리지 않는다.

27
노예의 삶보다는 주인으로서의 삶을 살아라

스로 일을 해서 생활을 영위하지 않으면, 무엇을 하며 살든 언제나 경쟁 상대에 둘러싸이게 마련이며, 언제 경쟁에서 탈락하여 타인에게 뒤 처지게 될지 모른다. 타인의 힘에 기대는 사람은 항상 이런 위험에 노출되어 있다. 그들의 생활은 남의 기분에 따라 좌우되며, 늘 소극적인 생활을 하며 살아가게 마련이다. 요컨대 이런 삶은 '노예의 신분으로 놀고 먹는' 생활과 다를 바 없다. 그는 놀고 먹는 대신에 노예의 신분을 얻은 것이다.

노예는 대부분 푸짐한 식사에 훌륭한 옷차림을 한다. 그러나 자신의 의견을 표현할 용기는 없다. 자신이 주인과 다른 생각을 하고 있는 것조차 두렵다. 주인의 행위를 아무리 경멸하고 있어도, 요컨대 주인이 광폭 하거나 술 주정꾼이거나, 우둔한 두뇌의 소유자일

지라도 또는 이상의 삼박자를 모두 갖추었다해도 노예는 침묵해야만 한다. 그렇지 않으면 주인으로부터 좋지 않은 대접을 받을 수도 있기 때문이다.

설령 자신이 주인보다 더 많은 지식이 있어도 주인이 더 현명하다고 생각해야 하며 자신은 절제해야만 한다. 주인이 보수를 독점하고 있는 일이 실제로는 모두 자신이 한 것임을 알아도, 노예는 신상에 해가 있을까 두려워 입 밖에 내지 못한다. 노예라는 의미에는 여러 가지가 포함되어 있다. 육체적인 의미의 노예 이외에 정신적인 노예가 있다. 둘 모두 어떤 의미로든 존재해서는 안 된다.

세상에는 높은 목표를 가지고 일생을 일만 하겠다는 생각을 가진 사람이 있다. 또한 한밑천 마련하면 그 후에는 안락의자에 앉아 빈둥거리며 노는 사람도 있다. 그러나 그것은 옳지 않다. 청년기, 중년기를 활동적으로 일해온 사람이 일하는 것을 그만두면 악영향을 초래한다. 그렇다고 나이가 들어서도 젊을 때와 마찬가지로 일해야 한다는 게 아니다. 젊어서는 많은 일을 해야겠지만 장년에는 좀더 적게 일을 하면 된다. 그러나 실제로 젊은이보다 노인 쪽이 오히려 노동을 필요로 한다. 젊은이들은 생명력이 강하기 때문에 운동을 하지 않아도 그 병폐가 금새 나타나지 않는다. 그러나 노인은 활동을 중단하면 곧바로 몸이 굳어진다.

인생도 황혼에 들고 할 일이 없어진 사람이 가끔 몸과 마음에 병이 드는 것은 이와 같은 이유에서이다. 인생을 즐기지도, 남을 행복하게 해 주지도 못하고 오히려 자신이 주위 사람을 불행하게 만드는 원흉이 되는 셈이다.

없는 것을 요구하지 말라

사회적 통념으로 보아도 근면이라는 습관은 중요하다. 요즈음은 근면한 습관을 들이기 위해 나름대로 노력을 하는 사람이 많다. 그와 같은 노력은 남에게서 강요받아 하는 경우도 있고, 충동적으로 하는 경우도 있다. 또 그 방법에 있어서도 일정한 훈련이 필요하다고 생각하는 사람이 있는가 하면 훌륭한 사람의 생활을 모범으로 삼으면 된다는 사람도 있다.

자식에게 근면한 습관을 길러 주기 위해 매일매일 산 같은 바위를 운반하게 하는 아버지가 있다고 치자. 목적 그 자체는 훌륭하며, 아버지는 아들에게 근면을 강조하고 있다. 하지만 이런 일을 계속해서 강요당한다면 아들은 싫증이 나서 오히려 본래의 목적을 해칠 위험이 있다. 그런 일 대신에 보다 유익한 일을 해야 한다.

누구든 일상적으로 집안에서보다는 집밖에서 일을 하지 않으면 안 되는 것이 보편화되어 가는 추세이다. 집 밖에서 노동을 할 수 없는 경우는 그 대신 몸을 움직이는 일이나 단련시키는 운동을 해야 한다.

오늘날 아주 불행한 것은 누구든 현재 상태보다 높은 지위에 오르려고 안간힘을 쓰는 것이다. 또 대부분의 사람들은 손을 더럽히는 힘든 일을 피하고, 고상하고 높은 지위를 원한다. 하지만 누구나 유산, 유한 계급이 될 수는 없다. 세상을 살아가는 데는 반드시 의복을 만드는 사람과 집을 수리하는 사람이 필요하고, 상인도 있어야 한다. 보기에는 하찮아 보이는 직업도 실상은 이 사회를 이끌어 가는 커다란 원동력이다. 어떤 일을 할 수 있는 가도 중요하지만 무엇인가를 하며 지내야만 한다. 그렇지 않으면 "일하지 않는 자는 먹지도 말아야한다"는 말은 필요한 선언일 수도 있다.

그러나 돈벌이에 골몰하고 있는 사람들 사이에는 자신을 유산, 유한 계급처럼 보이고 싶어하고 그런 것을 원하는 경우가 많다. 그 결과는 주위의 위안이 되기보다는 오히려 무거운 짐이 될 수도 있다. 언제나 닿을 수 없는 곳에 있는 이상만을 열망하면 실망하고 자신을 부끄럽게 여기는 부정적인 삶을 보낼지도 모른다. 만일 그런 마음 상태의 사람이 누군가와 결혼을 하면 본인뿐 아니라 주위의 사람들도 끌어들여 확대된 불행이 시작된다. 일하지 않고 놀기만 하는 사람은 죽음의 손길도 쉽게 찾아온다. 그들은 대단히 비참한 죽음을 맞을 것이다.

29 인색과 검소를 제대로 구별하라

우리는 간혹 인색하다는 것과 검소하다는 것을 혼동하는 경우가 있다. 참된 의미의 검소와 그릇된 의미의 검소가 있다. 요컨대 인색한 사람이 자신을 검소하다고 생각하는 것이다. 어떤 의미에서는 검소하다는 것은 좋은 이미지와 좋은 의미를 갖지만 인색하다라는 말은 좋지 않은 이미지를 갖게 마련이다.

검소하다는 생각에서 웨하스를 먹을 때 언제나 두 조각으로 쪼개 먹는 사람이 있다. 두꺼운 웨하스는 두 조각으로 떼어낼 수 있지만, 얇은 것은 떼어내고 나면 조각조각 부서져버린다. 비록 조심스럽게 떼어냈다고 해도 얼마만큼의 부스러기는 생길 것이다. 또한 그것을 나누는 데 낭비한 시간은 무엇이라고 정의 할 것인가의 문제가 제게 된다. 이러한 생산성이 없는 행동은 검소라기 보다는 시간 낭비라는 측면에서 보면 인색이라고 정의 할 수 있을 것이다. 이런 비근한 잘못된 검소의 일례는 얼마든 있다. 또 '지나친 인색은 가난의 근원'이라고 하는 좋은 예이기도 하다.

"시간은 황금이다' 라는 프랭클린의 말을 빌리지 않아도 시간의 절약은 곧 금전의 절약이다. 시간을 절약한다는 것은 많은 노력을 전제로 하고 있다. 이것은 상당히 어려운 문제이다. 누구나 1시간은 60 분이라는 것은 알고 있다. 그러나 60분이 한 시간을 이룬다는 참 의미를 알고 있는 사람은 많지 않다. 2-3 분 혹은 5분의 짧은 시간을 아무런 망설임 없이 낭비해 버리는 사람이 많다. 우리는 짧은 시간이 15회, 20회 거듭되어 1시간이 된다는 사실을 간과하고 있는 것이다. "작은 것을 소중히 할 때 큰 것은 저절로 찾아온다"는 말처럼 "1분을 소중히 하면 1 시간은 저절로 충실해진다"라고 할 수 있다.

프랭클린의 '시간은 황금이다' 하는 말 때문에 인색하게 된 사람이 많다면 의미를 충분히 이해하지 못한 채 사용되어지는 것이기 때문일 것이다. 올바른 의미를 모른 채 사용한 것은 좋은 조언이 될 수 없다.

오용된 경우도 있다. 금전을 인색하게 아끼듯이 시간을 아끼는 사람도 있다. 한쪽을 아끼는 사람은 이윽고 다른 한쪽도 아끼게 되게 마련이다. 다른 사람을 행복하게 해주기 위하여 선행을 행하는 방법은 얼마든지 있다.

"돈벌이가 되지 않으니까 그런 일에 시간을 낭비할 수 없으며 낭비할 생각도 없다"는 사람은 수전노와 마찬가지로 불쌍한 사람이다. 우리는 바른 방법으로 시간을 절약하고, 더불어 금전의 낭비를 없애야 한다.

30 지금 당장 바로 시작하라

검소한 습관을 갖기 위해서는 무엇을 하든 정한 시간에 그 일을 해야한다. 해야 할 일의 많고 적음에 관계없이 언제나 무슨 일이든 계획을 세우는 것이 중요하다. 비록 그 일이 하찮은 일, 요컨대 일이든 공부이든 농담을 하든, 놀이든 그 무엇이든 계획을 세워보는 것이다. 다음으로, 특별한 일이 없는 한 그 계획을 중단하지 말아야 한다. 우리가 보기에 놀랄 만큼 많은 일을 해나가면서도 충분한 여가시간을 즐기는 사람들은 이같이 계획적인 생활을 하기 때문이다. 반면 대단한 일도 하지 않으면서 여가시간도 충분하지 못한 사람은 무계획적으로 일을 하기 때문이다.

어느 유명한 네덜란드 수상은 많은 양의 일을 훌륭하게 소화해 내는 사람으로 알려져 있다. 그에게 "그렇게 많은 일을 하면서도 어떻게 여가 시간을 낼 수 있습니까"라고 물었더니, 그는 "무엇이든 즉시 하기 때문입니다"라고 대답했다고 한다.

  직장 일을 하는 사람은 자신의 시간이 모두 고용주의 것이라 스스로 계획을 세울 여유가 없다고 주장하는 사람도 있을 것이다. 그러나 자기 자신의 시간이라고 할 만한 시간을 조금도 갖지 못한 사람, 즉 완전히 타인을 위해 자신을 소모시키는 사람은 많지 않다. 작은 것을 지혜롭게 사용할 줄 아는 사람이라야 큰 것도 지혜롭게 사용할 수 있다.

  하루 중에 한가한 시간을 30분 가지느냐, 2시간 가지느냐는 사람에 따라 다르지만 그 시간의 활용 방법을 정할 줄 알아야만 한다. 만일 독서를 하기로 정했다면, 그 시간이 되면 즉시 독서를 시작해야 한다. 어느 정한 시간에 공부를 할 계획이었으면 그 시간에는 즉시 공부를 시작하면 된다. 조금의 자투리의 자유로운 시간도, 유용하게 보내려는 노력이 있으면, 어느새 자신의 일에 대한 관심은 그만큼 더 커지게 마련이다.

31. 돈을 쓰듯이 시간을 쓰라

성공적인 삶을 사는 데 있어서 최대의 장애물 중 하나는 나태한 성격이다. "시간만큼 귀중한 것은 없으므로 일초 일초를 소중히 하지 않으면 안 된다"라고들 말한다. 우리들 중에는 충분한 수면을 취하고 있음에도 아침의 한두 시간을 잠에 취해 조는 사람이 있다. 그는 눈을 뜨는 것조차 자신의 의지대로 할 수 없는 이런 사람은 이론만 있는 능변가, 무력한 현학자와 다름없다.

또는 일할 시간이 없다, 공부할 시간이 없다는 식으로 언제나 시간의 부족을 탓하는 사람이 있다. 그러나 그런 사람일수록 술집에서 트림을 하고 있거나 극장에 가야 할지, 말아야 할지를 몰라 망설인다. 그리고 이제 일어나야지 하면서도 졸고 있는 경우가 많다. 그들은 가장 큰 괴로움의 사슬에 묶여 있는 셈이다. 그렇다면 이제

그러한 나태의 사슬은 빨리 털어 버려야 한다.

나태한 사람들은 하지 않아도 좋을 일에는 기를 쓰면서도, 실제로 그것을 행동에 옮겨야 할 때가 되면 무기력해져 몸을 움직이지 못한다. 무엇이든 하려는 의도는 있겠지만 막상 착수단계가 되면 이미 그 일을 할 기력을 잃어버리고 마는 것이다.

그런 나태한 사람은 일을 해도 독서를 해도 쉽게 피곤해지며, 만약 그가 공무원이라도 되면 자신의 즐거움과 자유가 방해받는다고 믿는다. 그는 일생을 푹신한 방석 위에서 생활하지 않으면 직성이 풀리지 않는다. 그는 남에게 고용되면 1분을 1시간처럼 느끼지만 놀고 있을 때는 1시간이 1분처럼 빨리 지나가고 마는 것이다.

이런 사람으로부터 시간은 멀리 도망쳐간다. 다리 밑의 강이 흘러가듯 시간은 어느새 멀리 사라져 버린다. 가령 누군가가 그에게 오늘 아침에는 무엇을 했는가 하고 묻는다면 그는 아무 대답도 못할 것이다. 그는 아무런 반성도 없이 살아가기 때문이다.

게으른 자는 잠을 오랫동안 즐기며 느릿느릿 몸치장을 하고 자신을 방문한 상대와 계속 잡담을 한다. 어쩌면 그 잡담은 저녁 식사시간까지 이어질지 모른다. 그는 아무리 중요한 일을 하고 있어도 조그만 계기만 마련되면 잡담을 다시 시작한다. 이윽고 저녁시간이 되면 이번에는 식탁에 앉아 장시간을 보낸다. 그 후는 잠을 자는 일에 밤을 모두 소비한다. 인간으로 이름 붙일 가치가 없는 이런 사람은 그 무슨 일에도 쓸모 없는 존재로 추락하고 만다.

우리는 우리에게 주어진 시간을 돈을 아끼듯이 쓸 줄 아는 삶을 살아야 한다. 자신의 무덤에 들어갈 때에서야, 자신의 일생을 되돌

아본다면 후회만 남을 뿐이다. 자신의 무덤 앞에 세워진 비석의 글씨가 금이든 동이든 그것이 중요한 것은 아니다. 단지 그의 비석에는 'O년 출생, O년 사망'이라는 한 줄만이 존재할 것이다. 그렇게 짧고 보잘것없는 단 한 줄만이 기록될 뿐이다.

32 자신을 사랑하듯 부모와 상사를 사랑하라

부모와 상사 등 윗사람에게 충실하다는 것은 마음 흐뭇한 일이다. 실제로 행동은 못하지만 이론적으로는 누구나 부모에게 효도해야 된다고 생각한다. 또 많은 이들이 자신의 상사에 대해서 적어도 상사가 보는 앞에서는 충실하게 행동해야 된다는 것을 안다. 그러나 어떤 이들은 감독하거나 통제하는 사람이 없으면 나쁘다고 인식하는 행동들도 무심코 해버린다. 이같이 불성실한 행동을 하는 것, 이것은 결코 무시해서는 안 된다.

회사 일을 충실히 한다는 것은 단순히 일을 한다는 것이 아니라 그 이상의 의미를 담고 있다. 일을 하는 것은 당연한 의무이다. 그러나 그것으로 그치지 말고 자신의 회사나 상사에 대한 애정을 함께 가져야만 한다. 회사의 일을 자신의 일로 받아들여 소중히 생각해야하는 것이다.

　자신에게 이익이 있을 때만 절약에 힘쓰고 참을성 있게 일하는 것은 이상적인 일이 아니다. 그런 사람은 "회사에 성의를 다한다 해서 나에게 무슨 득이 되나" 하는 생각으로 자신의 태도를 정당화시킨다. 정해진 시간 내에 맡겨진 일은 하지만, 그 이외에 자신의 이익을 위한 것이 아니면 손가락 하나 움직이지 않는 사람들이 많이 있다. 금이 간 벽의 수리 정도라면 얼마 안 되는 짧은 시간 안에 할 수 있다. 그러나 알고 보면 그런 작은 일이 회사를 지키는 데 큰 몫을 한다. 그런데도 많은 사람이 이를 소홀히 취급하는 경향이 있다.

　어질러져 있는 물품을 치우고, 계산서를 쓰고 하는 일도 시간적, 경제적으로 회사에 상당한 도움이 된다. 이와 같은 성실한 사원은 성과는 보이지 않는 것 같지만 회사에 보탬이 되는 사람이다.

　자신에게는 아무런 득이 되지 않는다고, 일을 태만히 하거나 적당히 끝내버리는 사람이 있다. 하지만 그런 행동은 오래가지 못하고 이내 쓰라린 실패를 가져올 수도 있다

　'인도의 마라타 국에 왕자가 있었다. 어느 날 정원을 거닐고 있는데 한 젊은 머슴이 주인의 신발을 가슴에 꼭 끌어안은 채 잠을 자고 있었다. 왕자는 그 모습에 감동을 받았다. 그런 작은 일에까지 마음을 쓰는 자라면 좀더 중요한 일을 맡겨도 좋으리라 판단하고 그 자리에서 젊은이를 친위대의 일원으로 발탁했다. 결국 왕자의 판단이 옳았음이 증명되었다. 젊은이는 순조로운 승진을 거듭

하여 마침내 뛰어난 군사령관이 되었다. 그리고 그 명성은 인도 전역에 널리 알려졌다.'

실상 내 일이 아니고 남의 일이라고 생각하는 일들도 결국 알고 보면 나 자신의 일인 것이다. 살아있는 한, 살아가는 한 그들이 이웃으로 있는 한 필연코 그 모든 일들은 나에게 영향을 미치기 때문이다.

33	욕심을 버려라
34	자신의 마음을 소중히 여겨라
35	자기의 닮은꼴에서 배워라
36	먼저 자신을 개선하라
37	긍정적인 삶을 위한 자기 훈련을 하라
38	바람직한 마음의 태도를 가지라
39	자신의 자동성공장치를 최대한 작동하라
40	자신의 목표를 간절히 원하라
41	목표를 제대로 설정하라
42	마음가는 대로 움직여라
43	독단이나 편견을 때로는 이용하라

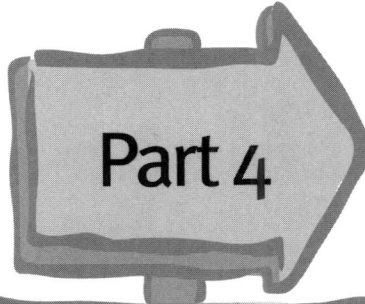

행복한 성공을 위한 마음의 수련

33 욕심을 버려라

세상에는 성공한 사람보다 실패한 사람이 많고, 행복하게 인생을 즐기는 사람보다 불행한 인생을 살고 있는 사람이 많다. 이는 '인생이란 자신의 욕망대로 살아지는 것이 아니다'라고 생각하는 사람이 많고, 어른이 되어가면서 인간이 이성이나 상식 혹은 자아의식에 의존하여 사는 일이 많기 때문이다. 사람이란 성장하는 과정에서 여러 가지 체험이나 정보를 통해 지식을 얻게 된다. 그리고 이를 기반으로 바람직한 사회인이 되려고 생각한다.

겉치레, 허영심, 몸단장, 정복, 혹은 지식이나 체험에서 생기는 쓸데없는 걱정, 근심, 불안…… 이러한 것들에 싸여 있을 때 인간은 본연의 힘을 발휘하지 못하게 된다. 자아의식의 세계에서는 잠재능력이 일체의 작용을 해주지 못하기 때문이다. 본연의 힘이 나타나는 것은 모든 자아의식을 제거하였을 때이다. 잠재능력을 훌륭하게 활용하기 위해서는 먼저 티 없는 마음으로 돌아가지 않으면 안 된다. 티 없는 마음이 되면 용기도, 지혜도, 힘도 솟구쳐 나온다.

자신의 마음을 소중히 여겨라

인간의 자아의식이란 너무 강렬해서 누구든 그것을 완벽하게 떨쳐버릴 수는 없다. 욕을 얻어먹거나, 바보 취급을 당하거나, 멸시를 받는 일에 대해서 사람은 놀랄 만큼 반발을 하곤 한다. 이것은 자아의식이라는 의복이 갑자기 내 허락도 없이 다른 사람에 의해 벗겨진 것과 같기 때문이다.

인간의 잠재능력에 대해 처음으로 언급을 한 사람은 '죠하리'라는 심리학자이다. 그의 말에 따르면 인간의 마음은 네 개의 창을 가지고 있다고 한다. 그 네 개의 창이란 '밝은 창' '감추어진 창' '맹목의 창' '어두운 창' 이다.

밝은 창
밝은 창이란 우리가 흔히 사용하는 유리창을 말한다. 이것을 인간의 마음으로 바꾸어 말하면 자기 마음의 상태가 다른 사람에게도 확실히 노출된 상태를 말한다. 분노에 찬 마음, 기뻐하는 마음, 슬퍼하는 마음 등이 모두 표정이나 태도로 나타난 상황이다. 허식이나 꾸밈이 없이 감정이나 욕망을 있는 그대로 행동하는 사람의 마음과 비슷하다. 이 마음은 모든 인간에게 본래 있어야 할 모습이라고 말할 수 있다.

감추어진 창

커튼으로 가려진 창은 밖에서 내부를 들여다 볼 수가 없다. 감추어진 창문이란 본인은 잘 알고 있지만 다른 사람은 알 수 없는 마음의 상태를 말한다. 앞서 말한 밝은 창이 본색이라 한다면 이 창은 방침이며, 연기 · 연출의 창이기도 하다.

어른이 되면 다른 사람에게 자기의 본심을 표면에 나타내지 않는 일이 많아진다. 사회생활을 하다보면 언제나 밝은 창을 사용할 수만은 없다. 중요한 것은 밝은 창과 감추어진 창의 적절함 조화에 있다. 인간의 내면에 있는 밝은 창은 훌륭한 것이겠지만 사람들과 조화롭게 지내기 위해서는 감추어진 창문도 중요하다.

맹목의 창

이것은 당사자는 모르고 있으나 다른 사람에게는 잘 보이는 창문이다. 이 창과 같은 마음의 상태에 놓여있는 사람은 곧잘 독선에 빠져들 위험성을 지니고 있다. 누구나 남의 이목에 신경을 쓰지만,

실제로 남에게 어떻게 보이고 어떻게 평가되고 있는가를 정확하게 파악하는 것은 생각보다 어렵다. 자기는 다른 사람들이 '정직하고 밝은 사람'이라 생각할 것이라 믿고 있다 할지라도 남들은 오히려 그 반대일 수 있다.

실제로 이런 부류의 사람은 많으며 이것이 오해의 커다란 원인이 되기도 한다. 그러므로 주위의 모든 소리에 귀를 기울이는 마음가짐이 중요하다. 또 자신 없는 불안한 상태가 되어도 낙담하지 말고 더 한층 노력하는 마음이 필요하다.

어두운 창

이 창은 어두워서 다른 사람은 물론 자기 자신도 알 수 없는 창문을 말한다. 프로이드가 말하는 무의식의 세계는 이에 해당한다. 그러나 이 창문이야말로 잠재능력을 발휘할 수 있는 곳이며, 인간이 성장하는 힘의 본산지이다. 비록 본인이 자각할 수 있는 의식 아래에 위치하고 있으나, 현재의식은 어디까지나 빙산의 일각이며 이 어두운 창에 해당되는 부분이 훨씬 크다. 다시 말하자면 스스로 생각하고 있는 능력에서는 상상도 못할 거대한 파워를 이 창이 지니고 있다.

이 창문은 평소에는 절대로 볼 수가 없지만, 꿈이나 최면에 걸린 상태에서는 볼 수가 있다. 인간은 과거 축적한 지식이나, 경험을 무의식의 마음 속에 담아두고 있다. 정신분석치료는 이러한 기억을 제거함으로 해서 정신적으로 병든 인간을 낫게 하는 것이다. 또 이 부분의 파워를 훌륭히 활용함으로써 커다란 성공을 쟁취할 수 있음은 더 말할 나위가 없다.

밝은 창의 소유자는 확실히 천진난만해서 좋지만 사회생활을 훌륭하게 영위하기에는 부적합하다. 또, 아무리 자아의식이 강하고 자기 분석 능력이 뛰어난 사람이라 할지라도 맹목의 창이 없다고는 단언할 수가 없다. 그런데 자기나 다른 사람도 알 수 없는 어두운 창에는 잠재능력이 숨어있다.

인간은 누구나 남이 지켜보고 있다는 느낌을 가지고 있다. 그렇기 때문에 연기를 하려는 자아의식이 작용한다. 그러나 이것은 반드시 잘 되리라는 보장이 없다. 잠재의식에서의 소리, 혹은 자신감의 결여가 원인이 되어 연기가 잘 되지 않는 수가 있다.

'흥분한다'는 현상은 이를테면 연기를 너무 잘 하려는 나머지 오히려 자아의식의 과잉에 빠져들었을 경우를 말한다. 주정뱅이나 어린이가 '흥분하지 않는' 것은 '잘 보여야지' 하는 자아의식이 없기 때문이다. 그러나 흥분하지 않기 위해서 자아의식을 없앨 수는 없다. 진정한 자기를 발견하여 겉치레나 허영을 제거함으로 해서 자아의식을 훌륭하게 유도해 내지 않으면 안 되는 것이다. 결국 모든 것은 자기의 마음을 아는 것에서부터 시작된다.

35 자기의 닮은꼴에서 배워라

자기 마음의 상태를 알면 그것을 바람직한 방향으로 이끌어 나가야 한다. 불행한 일을 당해서 의기소침해 있는 경우, 혹은 천성적인 어두운 성격을 명랑하게 바꾸려는 경우 그 일은 그렇게 간단하지가 않다.

그러나 제 아무리 어렵다고 해도 그대로 있을 수는 없다. 자기의 마음을 분석해 보고, 아무래도 바람직하지 못한 상태에 놓여있다고 생각되었을 때는 어떻게 해야 하는가? 예로부터 '유유상종'이라는 말이 있다. 이는 같은 성질, 비슷한 기질의 사람들끼리 모여지는 습성을 이르는 것이다. 이를테면 황금을 캐내려 할 때 사람은 여기 저기를 덮어놓고 파헤치지는 않는다. 역시 금이 나올 만한 곳을 골라서 파 들어간다. 금을 비롯하여 석탄이나, 석유 또는 하찮은 자갈이라도 그것들은 이 지구 위에 아무 곳이나 흩어져 있는 것이 아니라 함께 모여서 자리하고 있다.

　식물도 바다 속의 물고기도 그렇다. 인간 역시 이 법칙이 그대로 적용된다. 술꾼에게는 술꾼이, 개구쟁이에게는 개구쟁이가, 몸이 약한 사람에는 약한 사람이 모여든다. 이처럼 특별히 의식하지 않아도 서로 닮은 것끼리 모이게 된다. 일단 모이게 되면 하나의 환경이 조성되고 그 영향을 스스로가 받게 된다. 언제나 실패만 거듭하는 사람에게는 실패한 사람이 모여든다. 또한 불평불만을 털어놓는 사람에게는 그런 사람만이 모여든다. 그리고 실패를 개탄하고 불평불만을 늘어놓으며 그 날 그 날을 허송한다.

　자신의 바람직하지 못한 마음이 같은 종류의 벗을 부르고, 그것으로 인해 보다 나쁜 상태로 자기를 몰아가게 된다. 잠재의식은 언제나 나쁜 상태가 되는 것을 명령받아 이를 충실히 실행하고 있는 것이다. 바람직하지 못한 이와 같은 심적 상태에서 탈출하기 위해서는 우선 주위에 모여든 사람들을 바람직한 심적 상태로 돌아가게 해 주는 현명한 사람들로 바꾸는 일이다.

36 먼저 자신을 개선하라

만약 어두운 마음을 가지고 있을 경우, 밝고 활발하게 인생을 보내고 있는 사람을 신변에 둔다는 것은 매우 어려운 일이다. 또한 경제적으로 곤경에 빠져 있다면 주위에 부유한 사람들이 모여들 가능성은 거의 없다.

그러면 자신이 먼저 달라지는 것이다. 그것이 어렵다면 우선 그런 척 행동해 보면 좋다. 어두운 마음의 소유자라면 될 수 있는 대로 명랑하게 행동해 본다. 경제적으로 곤경에 빠져 있어도 그렇지 않은 것처럼 행동한다. 이것이 자기를 달라지게 하는 첫걸음이다.

결국 어느 종류의 편견을 가지고 있으면, 그의 주위에는 그에 동조하는 자가 모여들게 된다. 그리고 그런 종류의 인간과 함께 있고 싶지 않을지라도 마음이 달라지지 않는 한 그러한 현상은 지속될 뿐이다. 따라서 가장 빠르고, 가장 확실한 방법이란 정신상태를 바꾸어 버리는 일이다. 만약 당장에 바꾸어지지 않는다면, 달라진 것처럼 행동하는 것에서부터 시작해 보면 좋다.

긍정적인 삶을 위한 자기 훈련을 하라

　인생을 살아가면서 인간이 취하는 태도는 크게 두 가지로 분류되어진다. 그것은 긍정적인 사고방식과 부정적인 사고방식이다. 긍정적인 삶은 문자 그대로 인생을 긍정적으로 생각하고 있는 사람으로, 매사에 적극적이며 언제나 활발하게 행동한다. 여기에 비해서 부정적인 삶은 '이 세상은 아무 짝에도 못쓴다'라고 거의 체념하고 있는 삶으로, 매사에 소극적이며 대개 그늘진 성격의 소유자이다.

　벼룩을 이용하여 서커스를 하는 사람이 있다. 몇 마리의 벼룩이 톡톡 뛰어 다니며 아름다운 포물선을 그린다. 벼룩은 덮어놓고 활 모양을 그리는 벼룩, 나지막이 뛰는 벼룩, 천천히 뛰는 벼룩…… 비록 미물인 벼룩이지만 보고 있노라면 참 재미있다.

이 벼룩의 훈련방법이란 이를테면 다음과 같다. 유리컵 안에 벼룩을 잡아넣고 유리 뚜껑을 덮는다. 벼룩의 도약력은 자기 몸의 수천 배나 된다. 그러나 높이 뛰려해도 뚜껑이 덮여 있기 때문에 아무리 도약해도 유리컵의 깊이에 불과하다. 그러는 동안에 벼룩은 도약력을 조정하여 유리컵에 부딪치지 않는 범위 안에서 뛸 수 있게 된다. 그렇게 되면 이제 유리뚜껑을 열어도 밖으로 뛰어나오는 일은 없다. 불가능하다는 의식으로 체념해 버렸기 때문이다.

삶에 있어서도 몇 번인가의 좌절이나 실패에 의해서 안 된다라는 고정관념을 만들어버려, 상황이나 환경이 달라졌음에도 불구하고 사물을 부정적으로밖에 보지 못하는 사람이 있다. 이런 사람에게는 아무리 훌륭한 기회가 주어져도 이 기회를 잡을 수가 없음은 당연한 일이 다.

이러한 부정적인 삶의 태도에서 긍정적인 태도로 전환해야 한다. 용모에 자신이 없어서 언제나 열등감에 시달리고 있었으나, 수술 후에는 다른 사람이 놀랄 만큼 적극적이고 당당한 자세로 변했다. 이러한 사실은 인생을 보다 훌륭하게 디자인하기 위해서 지식이나 재능과 노력도 중요하지만 그 사람의 심리적인 태도가 가장 중요함을 보여주고 있다.

물론 지식이나 재능 그리고 노력은 성공을 위한 필수적인 조건이긴 하지만, 이것이 전부가 아니다. 지식이나 재능이 뛰어나고 그 나름대로 노력을 함에도 불구하고 결과적으로는 성공하지 못하는 사람이 많이 있다.

온 힘을 기울여 자전거의 페달을 밟는다해도 만일 그 페달의 체인이 벗겨져 있다면, 그 자전거는 앞으로 달려나갈 수 없다. 체인이 벗겨진 사실을 모르고 있는 한 목적지에 갈 수는 없다. 성급하게 페달을 밟는 실수를 범하기 전에 다시 한번 자기가 이제부터 행하려는 것을 솔직하고 차분한 마음으로 점검해 볼 필요가 있다.

바람직한 마음의 태도를 가지라

만일 우리의 삶이 심리적 태도에 따라 좌우될 수 있다고 전제한다면 무엇보다도 가장 먼저 해야 될 일은 바람직한 심리적 태도를 갖는 것이다. 그런데 실제로 생활하다 보면 부정적 측면만이 노출되어 자신도 모르게 바람직하지 못한 심리적 태도를 취하는 경우가 많다.

이러한 바람직한 태도를 가지기 위해서는 마음의 훈련이 필요하다. 요컨대 '그럴듯하게 행동하는 것'이다. 기쁘지 않아도 기쁜 척 행동하고, 피로해 있어도 활기차게 행동한다. 슬퍼도 슬프지 않은 척 웃어 보인다.

물론 즐거울 때에 슬픈 얼굴을 하라고 말하고 있는 것이 아니다. 바람직하지 못한 기분에 빠져 있을 때 바람직한 상태로 자신을 조절하는 것이 필요하다는 것이다. 인생은 그 자체가 드라마이며 우리는 모두 그 드라마의 주인공이다. 인생의 드라마에도 연기는 따라다닌다. 인생을 보다 현명하게 살기 위해서 때때로 연기를 하지 않으면 안 된다. 사람의 마음과 신체는 밀접한 관계가 있다. 슬프다고 해서 울고만 있으면 마음은 더욱 어두워지고 육체적으로도 좋지 않은 결과를 낳는다. 더구나 주위사람에게까지 나쁜 영향이 파급된다. 마음이 슬퍼지면 얼굴의 표정이나 태도도 슬퍼지며, 반대로 기쁜 표정이나 태도를 가지면 마음이 쾌활해진다는 것이다.

   그럴듯하게 행동하는 일이란 그다지 어려운 것이 아니다. 처음에 약간의 용기가 필요할 따름이다. 익숙해지면 가만히 있어도 그렇게 할 수 있게 된다. 그렇게 되기만 하면 대단한 결과를 가져온다. 그것은 생각대로의 인생에 첫걸음을 내디딘 셈이다.

39 자신의 자동성공장치를 최대한 작동하라

능력은 한계에의 도전으로 높일 수가 있다. 우리 인간은 대부분 자신이 헤아릴 수 없을 만큼 엄청난 가능성을 지니고 이 세상에 태어났음을 알고 있다. 그렇지만 자신이 가지고 있는 가능성을 샅샅이 추구하고 있는 사람은 의외로 적다. 자기 능력 이하의 수준으로 만족하거나 아니면 쉽사리 체념해 버리는 경우가 비일비재하다.

스포츠를 비롯한 여러 가지 기능에서 재주가 뛰어난 사람은 예외 없이 힘겨운 훈련을 쌓은 덕분이다. 프로야구의 대 선수도 타고난 재능에다 자신의 가능성이 덧붙여져 영광된 자리를 차지하게 된 것이다. 이것을 단순한 노력의 결과로만 보느냐, 자기에의 도전이라 보느냐에 따라서 결론은 많이 달라질 수가 있다. 당사자의 입장에서는 자기에의 도전이나 가능성의 추구라고 말할 수 있다.

자기로서는 할 수 없을지도 모르는 일에 도전한다. 그리고 기어이 해낸다. 다음에는 더 한층 목표를 높여 도전을 하고 성취한다. 이러한 행위의 반복이 천재라고 생각할 수밖에 없는 위업을 낳는다.

"내 사전에 불가능이란 없다"고 나폴레옹은 말했다. 실제로 이 세상에서 불가능한 일이란 없다고 해도 과언이 아니다. '불가능하다' 라는 것은 단지 사람의 기분에 불과하며, 불가능하다고 생각한 순간 그것은 정말 불가능하게 되어버리고 만다.

자기 능력의 범위 안에 머물러 있어서는 진보가 없다. 자기로서는 일견 불가능하게 생각되는 일을 목표로 삼아 이에 도전하는 것이야말로 잠재능력을 활용하는 가장 좋은 방법이다. 본래부터 인간은 욕구의 동물이다. 또한 그 욕망은 한이 없다. 그런데 한 두 번 욕망에의 도전에 실패하고 나면 자신의 의식이 '아무래도 안 되겠다' 하고 마음 속으로 정해버리고 그 욕구의 창을 닫아 버린다. 그러면 이제 잠재능력은 영원히 발전적인 방향으로 움직이지 않는다. 근육은 단련하면 강해지지만 사용하지 않으면 최소한도의 기능 이외에는 발휘하지 못하듯이 잠재능력도 사용하지 않으면 퇴보한다.

항상 바람직한 욕망을 마음속에 간직하고 끊임없이 '저렇게 되어 봤으면' '이렇게 하고 싶다'고 생각해야 한다. 자기 능력 이상의 것에 도전하는 마음가짐으로 자신의 욕구에 스스로 불을 당기는 것이 중요하다.

자신의 목표를 간절히 원하라

인간은 한 개의 정밀한 자동성공장치이다. 성공은 잠재의식과 그로 인해 끌려나온 잠재능력에 의해서 보증되고 있다. 따라서 아무리 불가능하게 보이는 일에 도전해도 성공의 가능성은 있다.

세상에는 무슨 일을 하거나 잘 풀리는 사람이 있는 반면에, 아무리 노력해도 언제나 실패하는 사람이 있다. 이 두 사람을 비교해보면 재능이나 자질 또는 방법론에 특별한 차이가 있다고는 생각되지 않는다. 성공하는 사람과 실패하는 사람의 차이는 이 잠재능력 활용의 차이에 있다. 잠재능력을 활용함에 있어서 꼭 알아두지 않으면 안 될 말은 '간절히 원하면 반드시 실현된다'는 것이다.

미국의 자동차 왕 헨리 포드가 회사를 창립하고 얼마 안 됐을 무렵 '욕심난다' 하고 열렬히 무엇인가 한 가지만을 생각하고 있으면 이상하게도 바로 그것이 손에 들어오고, 그것이 계기가 되어 거부의 자리에 오르게 된 일은 유명한 이야기이다.

사람들은 이런 경우에 우연이라든가 아니면 재수가 좋았다고 평가하기 쉽지만 결코 우연한 일이라고 말할 수 없다. 간절히 원하는 일이 결과적으로 나타난 것에 지나지 않는다.

목표를 제대로 설정하라

인간은 자신이 도달해야 할 목표나 목적을 설정하지 않고서는 여간해서 행동하지 못한다. 또한 행동이 없으면 결코 성공도 없다. 따라서 목표를 설정하는 일이 성공을 향한 첫걸음이다. 목표의 명확화야말로 에너지가 솟아나는 원천이 된다. 목표를 세우면 강한 힘이 생겨나서 마음 속에 그린 그림을 실현할 만큼의 파워를 얻을 수 있다. 그 힘은 바로 목표를 향해 정확하게 유도해 가는 자동조정장치인 것이다.

그런데 세상에는 마치 목표를 갖고 있지 않은 듯이 보이는 사람이 있다. 심드렁하게 회사에 다니며, 월급이 적다고 투덜대고 제대로 일을 하지 않는다. 매일매일 어쩔 수 없어 출근하고 월급날이면 월급 봉투를 들고 돌아온다. 별다른 취미도 없이 휴일이면 온종일 텔레비전이나 보고, 어쩌다가 술을 마시거나 노름판을 기웃거리지만 별로 그런 일에도 흥미를 느끼지 않는다.

그런 사람에게 결여된 점은 목적의식이다. 그런 사람들은 자기가 어떻게 하고 싶은지, 무엇을 바라고 있는지를 모르고 있거나 알려고 하지 않는 사람들이다. 도달해야 할 목표가 없는 상태로는 아무 일도 할 수 없다. 인간은 내버려두면 누구나 쓸모 없는 사람이 되는 속성을 지니고 있다.

인간이 가진 감정의 95%는 소극적인 면을 선호한다고 한다. 그렇기 때문에 성공한 사람보다 실패한 사람이 많은 것이다. 95대 5의 확률 속에서 적극적인 인간의 성공은 5의 방향으로 확실히 전진한다. 그런데 소극적인 인간은 아무런 목표도 설정하지 않은 상태가 그대로 일상생활에 영향을 미쳐 실패하기 쉽다.

간절하게 소망하는 것은 반드시 실현된다는 법칙이 있음에도 불구하고, 아무것도 바라지 않고 어떠한 목표도 설정하지 않는 인생, 이처럼 멋없는 인생은 없다. 활을 쏠 때 사람은 누구나 목표를 겨누고 쏜다. 아무도 과녁 없이 그저 막연하게 활을 쏘지는 않는다. 아무것도 바라지 않는 인생이란 실로 이것과 같다. 잠재능력을 살리려면 인생의 목표를 설정하는 일이 선행되어야 한다.

세상에는 성공한 사람보다 실패한 사람이 더 많다. 목표를 설정한 장본인이 스스로 목표를 변경했기 때문이다. 말하자면 자동실패장치에 목표를 설정해버리는 것이다. 잠재능력이라 하는 것은 정직하기 때문에 목표가 명확하게 설정되었다면 그것을 달성하려고 노력하기 시작한다. 그런데 하루가 지나고 한 달이 지나고 1년이 지나면 그 사람의 내부에서 목표가 변화하기 시작한다.

한번 목표를 정하면 그 뒤에 그대로 방치해 두어도 목표를 달성하게 된다는 말은 결코 아니다. 잠재능력이란 그만큼 친절한 것이 못된다. 목표를 정했으면 자나깨나 무슨 일이 일어나든지 목표를 향한 각별한 마음가짐이 있어야 한다. 그렇지 않으면 만사가 허사가 된다.

모든 인간에게는 반드시 상승사고라는 것이 있다. 보다 좋고, 보다 풍부하고, 보다 만족할 수 있는 상태로 올라가려는 속성이다. 미국의 심리학자 A. H. 매슬로의 유명한 학설에 '욕구의 단계설'이라는 것이 있다.

그에 따르면 인간의 욕구는 다섯 개로 크게 나눌 수가 있는데, 그것은 모두가 저차원 욕구에서 고차원 욕구로 진행하는, 마치 층계를 올라가듯이 높아지려는 성질을 말한다.

다섯 가지의 욕구란 생리적 욕구, 안전의 욕구, 사회적 욕구, 자아의 욕구, 자기실현의 욕구를 가리킨다.

먼저 첫 번째로 식욕이나 성욕과 같은 생리적인 욕구가 있다. 이것이 충족되어야 비로소 불안이나 공포 등 위험을 피하려는 안전의 욕구가 생기고, 다음으로 집단 속에서 보다 윤택하고 싶다는 사회적 욕구가 일어난다. 이들의 욕구가 충족되면 이것을 토대로 자아의 욕구가 생겨난다. 이것은 그 사회집단 속에서 다른 사람으로부터 인정받고 싶다는 욕구이다. 즉 남들로부터 존경을 받고 싶어하는 것이다. 그리고 최종적으로 보람을 찾고 자기의 역량을 최고로 발휘하려는 고차원의 자기실현 욕구가 있다.

42 마음가는 대로 움직여라

우리 인간에게는 잠재의식이 있다. 이 잠재의식을 마음 밑바닥에서 어떻게 캐치하느냐 하는 것이 중요하다. 이 능력이 강한가 약한가는 성공과 실패에 크게 관계되기 때문에 수신능력을 연마하는 일은 중요하다.

흔히 말하는 '감'이라는 것은 중요하다. 흔히 '저 사람은 감이 좋아' '왠지 감이 나빠' 하는 등, 일상생활에서 이 '감'이 차지하는 비중은 생각보다 크다. 감이란, 상식이나 이유를 따져서는 도저히 내려질 것 같지 않은 결론을 '그렇게 생각한다'고 하는 형태로 느끼게 되는 것으로서, 말하자면 이치에 어긋나는 '재치'와 같은 것이다.

이를테면 텔레비전의 일기예보에서 '맑음'이라는 보도가 있었는데도 믿어지지 않아 외출 시에 우산을 준비한 덕분에 비를 맞지 않았다든지, 아무도 쳐다보지 않는 보잘것없는 회사의 주식을 어쩐지 마음에 당겨 샀는데 갑자기 주가가 상승했다. 등의 경우가 감이 작용한 예이다. '감'은 본인조차 확고한 신념이 없는데 왠지 터무니없는 일을 초래한 실제의 예는 일일이 들지 못할 정도로 많다. 애석하게도 '감'이 예민한 사람은 그 덕택으로 득을 보고 '감'이 둔한 사람은 그 덕을 별로 보지 못한다. 마음이 정화된 상태에 있으면 잠자코 있어도 '감'이 예민해진다.

  '감'이란 말할 나위도 없이 잠재능력이 행하는 재주이다. 그렇기 때문에 보통 우리들이 생각하거나 행동하거나 할 때의 규범으로 작용하는 이성과는 반대되는 일이 허다하다. '감'이 예민한 사람과 우둔한 사람의 차이의 문제는 생각의 차이이다. '감'이 예민한 사람은 잡념이 없는 마음으로 사물이나 인물에 대처할 수가 있다. 이것을 소박한 마음이라 할 수도 있다. 그에 비해 '감'이 우둔한 사람은 자아의식이 강하다. 겉치레나 허영, 혹은 자아가 너무나도 강해서 잠재능력이 어느 사건에 대해서 올바른 평가를 내리고 있어도 스스로 이것을 왜곡하여 흐리게 만들곤 한다.

  자연계에 생식하고 있는 동물들은 그러한 점에서 텔레파시를 가지고 있다. 대 지진이나 재해가 닥칠 때 동물들은 재빨리 그것을 알아내고 피신하는 것이 그것이다. 또한 사고를 당하게 될 배에서는 쥐가 미리 달아난다고 하는데, 그런 현상도 우리 인간 입장에서 보면 이상한 일이지만 쥐의 입장에서 보면 인간이란 동물은 어째서 그토록 '감'이 둔한 존재일까 하고 생각할지도 모른다. 하늘의 소리는 절대로 오판하지 않는다. 소박한 마음으로 하늘의 소리에 귀를 기울였을 때 당신은 화려한 미래의 문턱에 서게 되는 것이다.

독단이나 편견을 때로는 이용하라

솔직한 마음과 독단이나 편견은 일견 상반되는 것으로 생각할 지도 모른다. 그러나 그렇지 않다. 독단과 편견은 상식에의 도전이며, 그것은 사물을 보는 법, 판단의 앵글을 바꾸어 보는 일에 지나지 않기 때문이다. 그리고 우리들이 미로에 들어선 것 같을 때 이 독단과 편견이 곧잘 활로를 찾아내기도 한다.

우리들은 사회생활을 영위하는 데에 있어서 항상 지배적인 사고방식에 의존하곤 한다. 사고방식이란 대체로 비슷해서 무슨 일인가가 일어나면 열 사람 중에 아홉 사람은 모두 같다고 한다. 이것이 일반적으로 상식이라 부르는 것이다. 상식은 사회생활을 영위하는 데에 있어 무엇보다 무난하고 정당한 사고 방식이다. 하지만 이 상식이 때로는 인간의 크나큰 가능성이나 활발한 생활방식을 저해하는 요인이 되어버리는 수가 있다.

역사상의 위대한 발명이나 발견은 그 대부분이 상식에의 반역에서 비롯된 것이라 해도 옳다. 혹은 반역을 의도하지 않아도 결과적으로는 '상식에서 어긋남'의 사고나 행동이 많은 발명과 발견의 단서가 되어 문명을 발전시켜 온 것은 부정할 수 없다. 말하자면 상식과 가장 먼 곳에 있는 독단과 편견에도 그 나름대로의 효과가 있음을 알 수 있다.

그러나 일반적으로 독단 및 편견은 좋은 것이나 바람직한 것으로서는 취급받지 못한다. '저 사람은 독단적이다' 하는 평가는 결코 그 사람을 칭찬하고 있는 것이 아니다. 분명히 일방적인 판단이나 기울어진 시각으로 사물이나 인물을 결정하고, 자기 주장만을 내세우는 행동은 좋지 않다. 당연한 사건에 관해서는 상식적인 견해로도 족하겠지만 그렇지 못한 사건의 경우 상식 따위는 전혀 쓸모가 없는 경우도 있다.

현재 자신이 비참한, 혹은 본의 아닌 상태에 놓여있다 해서 그런 심리상태에서 자기의 미래를 상상한다면, 그것은 우리 자신의 미래가 이상에서 꽤 멀어져 있을 수도 있다. 우리가 세상 상식에 얽매여 있게 되면 그와 같은 미래밖에는 묘사하지 못할 가능성이 크다. 때로는 상식을 타파해서 독단과 편견에 의존한 바람직한 미래상을 마음껏 그려보는 것도 필요하다. 그렇게 하는 것으로 어쩌면 당신은 사고의 자유를 획득할 수도 있다.

44	행복한 성공자가 되라
45	실패의식을 갖지 말라 – 실패는 또 실패를 낳는다
46	실패를 두려워하지 말라
47	성공 자들에게서 그 성공을 배우라
48	겪었던 역경을 최대한 활용하라
49	자기 표현능력을 계발하라
50	행복한 성공을 위한 자기 플랜을 구체화하라

Part 5

행복한 성공을 위한 상상력의 활용 법

44 행복한 성공자가 되라

사전적 의미로 '성공'이란 다음과 같은 것을 일컫는다. "사업이나 일을 의도대로 해내는 것./ 목적을 달성하는 것./ 사회적인 지위를 획득하는 것."으로 정의되고 있다.

'실패'라는 낱말의 사전적인 의미로는 "일의 목적과는 반대로 허사가 되는 것./ 실추 실수, 잘못되는 것." 으로 정의하고 있다.

그런데 우리가 흔히 보아오는 성공 자의 상은 어디까지나 외부에서 관찰한 것에 불과하다. 사업이나 일이 목적대로 달성되면 그것이 성공임에 틀림없지만, 본인은 곧이어 또 다른 목적을 설정하고 그것에 도전하기 때문에 자기 자신은 끝없이 도전자라고 생각한다. 개중에는 남들이 보기에도 훌륭한 성공 자로 비치고 있음에도 '자기는 실패자다'라고 생각하고 있는 사람이 많다.

이와 같은 견해차이는 항간의 평가 사이에 가치관의 차이가 생기기 때문이다. 자기는 학자가 되고 싶었는데 부모의 강요로 가업을 계승했던 바, 다행히도 잘되어 재산을 아버지의 열 배나 늘려 놓은 사람이 있다고 치자. 이것은 남 보기에는 성공이다. 그러나 본인은 조금도 재미가 없으며 만족감도 느끼지 못한다. 주관적으로는 인생의 실패자로 생각하게 된다.

또한 이것과 반대의 경우도 있을 수 있다. 항간에서는 손가락질을 받고 있으나 본인은 지극히 만족해하며 '내 인생은 흡족하다'고 생각하는 사람, 이러한 사람은 객관적으로 어찌되었든 주관적으로는 성공자일 것이다.

따라서 진정한 성공자란 사회적으로도 평가받고 자기도 그렇게 생각하는 경우의 사람이다. 아무리 항간에서 치켜세워도 본인이 그렇게 생각하지 않으면 어쩔 수가 없다. 동시에 자기는 아무리 성공했다고 생각해도 남들이 인정해 주지 않으면, 그것 또한 독선이나 억지의 탈바꿈에 지나지 않는다. 인간이 사회생활을 하고 있는 한 사회로부터 평가받지 못한다면 참된 것이라고는 할 수 없기 때문이다.

45 실패의식을 갖지 말라 – 실패는 또 실패를 낳는다

진정한 성공 자는 사회적으로 본인 스스로 '성공했다',고 생각할 수 있는 사람을 말하지만 사실상 그런 사람은 지극히 드물다. '성공자가 아니면 곧 실패자다' 라는 것은 아니지만, 본인 자각의 측면에서 보면 실패자가 훨씬 많을 것이라 추측된다. 그러나 실패자라고 생각하는 사람도 실은 그렇지 않은 경우가 많다. 강인한 정신이야말로 성공에 이르는 지름길이다. 비록 실패라 할지라도 그것은 성공에 이르기 위한 하나의 과정이다.

아무리 사소한 일일지라도 일부러 실패를 생각하고 덤벼드는 경우는 없다. 그 누구도 실패하겠다고 목표를 세우는 사람은 없다. 그런데도 불구하고 많은 이가 실패한다. 그 사람의 이야기를 듣고 있노라면 "그렇게 하려던 것이 아니었는데"라고 말한다. 실패하려고 시작한 것은 결코 아니었다는 이야기이다.

  실패했다 해서 낙담할 필요는 없다. 실패란 성공에의 첫걸음이 아닌가. 실패를 하나하나 쌓아 나가는 일이 성공으로 이어지는 길이 될 수도 있다. 무슨 일인가를 지향해서 행동을 시작한다. 그리고 어느 지점에서 실패를 했을 뿐이다. 그러나 그것은 결론이 아니다. 실패의 태반은 목적을 향한 하나의 과정에 지나지 않는다.

실패를 두려워하지 말라

실패라는 것은 인생을 형성해 가는 과정으로 현상적으로 빈번히 일어나는 사건이다. 일이란 실패의 연속이다. 사람이 무엇인가를 하려 한다면 실패는 반드시 따라다닌다. 문제는 실패에 있는 것이 아니라 실패라는 사실에 패배하는 것에 있다. 사람들은 실패해서 쓰러진 것을 책망하는 것이 아니라, 그 뒤 다시 일어서지 않은 것을 책망한다.

미국의 어느 주에 실패만을 거듭하는 사나이가 있었다. 그는 훌륭한 가구제작소의 기술자였으나 비사교적인 데다가 말수가 적었다. 알코올 중독이나 폭력을 휘두르는 말썽꾸러기가 아니었음에도 불구하고 가족들과 헤어져 홀로 대도시의 밤거리를 건달처럼 헤매고 있었다. 그의 머리 속은 운이 없음과, 실력이 없음과, 무기력함에 대한 개탄으로 가득 차 있었다.

"에라 죽어버리자. 주머니를 털어서 수면제를 사야겠다. 아니야, 아니야. 그러나 인생이라는 것이 모두 실패의 연속이 아니더냐. 빚은 자꾸 자꾸 늘기만 하고, 의지할 곳도, 의논할 친구도 없다. 어째서 이 모양이 되었단 말인가."

그는 약을 사려고 두리번거리다가 약방의 책꽂이에 꽂혀 있는 한 권의 책을 보았다. 〈당신도 부자가 될 수 있다〉는 제목의 책자였다. 그는 화가 치밀었다.

"웃기고 있네. 당신도 부자가 돼? 말은 잘도 하는 군. 그거야 '당신도 부자가 될 수 있다' 라는 제목에 이끌려 책을 살 테니까. 덕분에 많은 인세가 들어와 즐거운 인생을……. 그런데 대체 무엇이라고 써 있을까?"

이 사내는 약을 사는 대신 책을 샀다. 실컷 읽고 나서 저자에게 욕지거리 편지나 써주어야겠다고 생각했던 것이다. 빈민 아파트에 돌아와 그 사내는 재빨리 그 책을 읽기 시작했다. 그 책의 서문에는 이렇게 적혀 있었다.

'당신은 행복에 가득 찬 인생을 보내기 위하여 신을 찬미하고, 신과 함께 영원을 즐기기 위해서 이 세상에 태어났습니다…….'

화가 치미는 기분으로 읽기 시작했던 그는 저도 모르는 사이에 열심히 읽게 되었다. 거기에는 그가 평소 생각하고 있었던 것과는 전혀 다른 세계가 있었다.

날이 밝을 무렵 이 사내는 '다시 한 번, 인생을 고쳐 살자' 하고 결심하게 되었다. 이 사내는 그 뒤 마음을 고쳐먹고 매사에 부지런히 뛰다보니 지금에 와서는 행복한 가정을 찾았고, 또한 열심히 일하게 되었음은 말할 나위도 없다.

만약 이 사내가 한 권의 책을 만나지 못한 채 수면제를 샀더라면 애석한 실패자로 일생을 마쳤을 것이다. 확실히 이 사내의 전반인생은 실패의 연속이었다. 그러나 그가 건달 같은 상태로까지 전락한 것은, 실패한 사실보다도 실패한 자기에게 지고있었음을 보여준다.

영국의 극작가 웹스타는, "실패란 자본의 결핍보다는 에너지의 결핍에서 자주 일어난다."고 말하고 있다.

실패를 두려워해서는 안 된다. 그것은 당연한 일이기 때문이다. 실패해서 비참한 기분에 잠겨 있는 사람에게 잠재의식이 동정하겠

는가? 아니다. 잠재의식은 결단코 동정하지 않는다. 비참한 생각에 젖어 있는 사람에게는 오히려 파멸의 방향으로 작용할지도 모른다. 성공의 본질은 반드시 실패 속에 있는 것이다. 그 실패로 인해 강인해지지 않으면 안 된다. 브라우닝은 "성공의 한 순간은 여러 해의 실패를 보상한다."고 말하고 있다.

성공 자들에게서 그 성공을 배우라

미합중국 제 16대 대통령 에이브러햄 링컨은 사회적인 성공자의 한 사람이라고 할 수 있다. 미처 뜻을 이루기도 전에 흉탄으로 쓰러지기는 했지만 켄터키 주의 변두리에서 태어난 가난한 소년이 역사에 이름을 남기는 큰 인물이 된 과정은 한 권의 성공 이야기가 아닐 수 없다.

그런데 링컨의 전기를 통해 알 수 있는 것은 그가 조국을 위하여 쓸모 있는 인간이 되기까지에는 끊임없이 실패만을 거듭하고 있었다는 사실이다. 공부도 독학이었고, 성인이 되고 나서도 평판은 그다지 좋은 것이 못 되었다. 품격 낮은 유머가 그의 특색이었다고 한다. 또한 그의 아내는 악처로 늘 히스테리만 부려서 남편을 번민케 하였다. "나와 일, 어느 쪽이 소중한 가요……" 하고 앙탈을 부려 링컨을 언제나 초조하게 만들었다는 것이다. 그러나 그는 좌절하지 않았다. 연설 연습을 열심히 하여 급기야는 웅변대회에서 청중의 갈채를 한 몸에 받게 되었다. 그리고 그는 독학으로 변호사 자격을 취득했다. 그러나 만약 그가 주위의 평판이나 여러 차례의 실패에 무릎을 꿇었더라면 대통령 링컨이 될 수는 없었을 것이다.

 그와 반대로 문학적 영광에 싸여 노벨상까지 수상했음에도 최후에는 자살이라는 비극적인 결말을 맞이한 작가 헤밍웨이가 있다. 그의 소설을 읽으면 알 수 있겠지만 그의 문학과 생활방식은 그야말로 강자의 것이었다. 그는 인생을 거대한 투기장으로 삼아 그 속에서 투쟁하는 일을 인생의 목적으로 삼았다. '패배를 모르는 사람'이 아마도 그의 이상이었을 것이다. 그의 문학은 대단히 높은 평가를 받고 세속적인 의미로도 성공하였으나, 그 자신은 만년에 '자기는 인생의 실패자가 아닌가' 생각했다고 한다. 그러한 번뇌가 결국 자살이라는 형식을 취한 것이리라. 그토록 강인한 사내가 자기 내부에서 솟아오르는 불안과 의심을 이겨내지 못했다니……. 아마도 그는 세상의 평가와 자기 자신의 평가 사이의 차이 때문에 견딜 수가 없었을 것이다.

48 겪었던 역경을 최대한 활용하라

역경은 성공을 낳기 위한 기회라고 말하는 이가 많다. 집이 가난해서 학교도 변변하게 다니지 못한 인물이 노력에 노력을 거듭하여 결국은 성공했다는 이야기는 수도 없이 들었을 것이다. 그런 것을 보면 틀림없이 역경도 필요한 것이다. 모두가 만족스럽게 태어나 우여곡절을 모르고 인생을 살아가는 사람보다도 괴롭고 쓰라린 상황에 놓여진 사람 쪽이 현상타개의 에너지가 생기기 쉽다.

다만 나는 여기에서 오해하기 쉬운 사실을 하나 밝히고 싶다. 역경이란 누구나 극복하고 싶고 그렇기 때문에 노력도 남의 갑절이나 하지만 그런 이유를 그대로 들어 역경에 놓이면 성공할 수 있고, 역경이 아니면 좀처럼 성공할 수 없다고 생각하면 곤란하다.

현실을 보면 곧 알 수 있는 일이지만, 분명히 역경에서 성공한 사람도 있는 반면 역경을 겪으면서 성공하지 못한 사람도 적지 않다. 또 복된 환경이라도 성공자가 있으며 반드시 실패자도 있다. 그러고 보면 역경이 성공의 절대적인 조건이라고 할 수는 없다.

성공의 요인이 역경에 있는 것이 아니고, 그때 어떠한 사고방식을 가졌는가 문제다. 바꾸어 말하자면 역경에 대처하는 심적 태도가 문제인 것이다.

미국의 유명한 흑인 실업가에 대한 에피소드가 있다.

그는 규칙에 따라 스람 마을에서 자라났다. 언젠가 어머니가 이런 말을 하였다.

"너도 사람들에게 잘 보이지 않으면 안 돼요. 우리 흑인이란 아무리 노력해도 스스로 성공할 수는 없는 것이니…… 사람들에게 잘 보이기만 한다면 어떻게든 될 거다."

"어째서 흑인은 안 되나요?"

"어째서라니…… 이 나라에서는 안 되는 것으로 정해져 있잖니. 할아버지도 아버지도 모두 사람들에게 미움 받지 않도록 하고 있잖아. 가난하지만 네가 굶지 않는 것도 할아버지나 아버지 덕분이란다."

"난 가난한 것 싫어!"

"사치스런 말을 하지 말아라. 너처럼 그런 말을 하며 이 마을을 뛰쳐나간 아이들도 꽤 있었지만, 변변한 녀석이 어디 있더냐……."

한동안 잠자코 있던 소년은 다시 어머니에게 이렇게 물었다.

"엄마, 어째서 할아버지나 아버지는 가난한가요?"

기가 막힌 표정으로 어머니는 대답했다.

"무슨 말을 하는 거냐? 할아버지나 아버지도 열심히 일하시지만 부자가 되고 싶다는 꿈은 생각할 겨를이 없질 않느냐."

그 때 소년은 이렇게 말했다.

"그러면 내가 생각할게. 나는 가난과 손을 끊을 거야. 기필코 부자가 되어 보이겠어."

이 말대로 소년은 기어이 훌륭한 실업가가 되었다.

세상에 넘쳐흐르는 성공담의 대부분은 역경에 놓인 어린이가 많은 고생 끝에 영광을 차지한다는 내용이다. 고생이 많으면 많을수록, 비참하면 비참할수록, 영광이 더욱 빛나는 것과 마찬가지로 역경시대의 에피소드는 과장된다. 그러나 역경이 아무리 과장된다할지라도 그 자체는 대단한 문제가 아니다. 역경에 놓여 있을 때 인간이 어떠한 의식을 가졌느냐가 문제이다. 그 때의 심적 태도가 잠재능력을 좌우하기 때문이다.

배불리 먹은 짐승이 투쟁심이 결핍되어 게으른 낮잠에 빠지듯이 인간도 모든 것이 만족스런 상태에 있으면 행동의 에너지는 감퇴된다. 이런 의미에서 역경은 비약을 향한 찬스라고 할 수 있다. 그러나 내부에서 솟아오르는 에너지를 보다 나은 방향으로 유도하는 것이 무엇보다도 중요하다는 사실을 잊어서는 안 된다.

49 자기 표현능력을 계발하라

말솜씨가 없는 사람이란 단순히 사람과 이야기하는 것이 서툴다는 것 이상으로 자신에게 속는 것도 서툰 경우가 허다하다. 이야기한다는 것은 화법의 테크닉이라기보다는 사고의 정리와 사리의 합당함의 문제이기 때문이다.

그리고 앞에서 이해할 수 있었으리라 생각하지만, 자기에게 속는 것이 서툰 사람은 잠재능력을 잘 활용하지 못한다. 자기가 소망하는 일을 훌륭하게 표현하지 못한다는 것은 적어도 자기 목표를 분명하게 나타내기가 어렵다는 것을 말한다. 그래서는 언제까지고 잠재능력이 바라는 방향으로 움직여 주지 않을 것이다. 이를 극복하기 위한 몇 가지 방법이 있다.

첫째, 문장을 만들어 보는 훈련이다. 문장을 만드는 작업은 사물에 대한 사고방식의 정리나 통일에 대해서 유익하다. 보통 문장을 쓴다고 하면 생각을 먼저 머리 속에서 간추려 그것을 문자로 표현한다고 생각하기 쉬우나, 실제로 해보면 아주 다르다. 물론 머리 속에는 쓰고자 하는 것이 있지만 그것은 그다지 똑똑하지 못하다. 단지 그것은 실제로 쓰기 시작하는 일에 따라서 간추려지는 것이다. 그런 의미로 '쓰는 것이 생각하는 것' 이란 쪽보다 현실에 가깝다. 따라서 문장 쓰기 훈련으로 고민하고, 생각하고, 연구하는 것은 그대로 자기의 사고훈련 및 표현능력의 계발에 도움이 된다. 현대는 영상의 시대여서 사람들은 문장 쓰기를 귀찮게 생각하는 경향이 많지만, 편지든 일기든 무엇이라도 좋으니 애써 문장을 써보도록 하라. 이러한 작업은 잠재능력의 활용에 지극히 유익하다.

둘째, 표현능력을 계발하는 방법이다. 가까운 사람을 상대로 하는 설득 훈련이라는 것이 있다. 사람의 일생은 어떤 의미로 남을 설득하고, 또 다른 사람에게 설득 당하는 것의 연속이라 해도 좋을 것이다. 따라서 설득의 잘잘못은 그 사람의 인생을 좌우하기도 한다. 또한 표현능력이 낮은 사람은 설득력이 부족한 것이니 설득 훈련도 또한 표현능력의 계발에 유익하다. 그러므로 지극히 가까운 사람을 상대로 자기 생각을 이야기하도록 해야 한다. 자기의 장래 희망, 사고방식, 목표 등 무엇이라도 좋다. 이러한 훈련은 일견 아무런 효과도 없는 것처럼 보이지만 절대로 그렇지가 않다. 자신이 표현한 것은 차츰 선명한 형태를 갖추게 되어 잠재의식으로 침전해 가기 때문이다.

셋째, 문장 훈련과 가까운 사람의 설득훈련이다. 이것도 자신의 잠재능력을 활용해서 성공하려 생각한다면 좋은 방법이다. 특히 문장 훈련이라든가 설득 훈련은 지혜를 잘 발달시켜 준다. 지혜란 때와 장소와 경우에 맞추어 능숙하게 사물에 대처해 나가는 능력으로서, 이것은 반드시 지식이라든가 정보의 양과 관련이 있는 것이 아니다. 지식이나 정보도 필요하긴 하겠지만 지혜가 없으면 지식은 산 것이 못 된다. 지식은 물이며, 지혜는 펌프와 같다. 불이 났을 때, 물은 도움이 되지만 펌프가 없으면 불을 쉽게 끌 수가 없다. 연못에 물이 가득할지라도 아무런 도움이 못 되는 경우도 있을 것이다. 머리가 좋으면서 그것이 조금도 실생활에 도움을 주지 못하는 사람은 펌프를 갖지 못했기 때문이다. 표현능력의 계발이란 말하자면 펌프의 사용방법을 훈련하는 것이라 말할 수 있다.

행복한 성공을 위한 자기 플랜을 구체화하라

성공을 위한 8가지 법칙

① 목표를 구체화하라

여기에서 말하는 목표란 '저렇게 되고 싶다' '이렇게 하고 싶다' 하는 막연한 것이 아니다. 좀더 구체적인 청사진이라 할 수 있다. 이를테면 집을 갖고 싶다면 정밀한 설계도 같은 것을 가리킨다. 이 목표가 상세하고 선명하면 할수록 목표 달성을 앞당길 수 있다. 선명하지 못하면 잠재능력이 어떻게 작용해야 좋을지 혼돈을 일으켜 그만큼 목표 달성에 시간이 많이 걸린다. 상세하고 선명한 목표를 설정하는 데에는 상상력이 크게 관계되고 있다는 것을 명심해야만 한다.

② 계획을 세워라

목표를 세웠으면 다음으로 계획을 세워야만 한다. '언제까지'라는 기준을 스스로 설정하는 것에 따라서 행동의 지침이 생기게 되기 때문이다. 말하자면 계획의 입안은 잠재능력을 계발하는 재료가 된다. 계획을 세울 때는 적어도 몇 년 동안 이내에는 하겠다는 장기 계획이 우선 필요하다. 장기 계획이 작성되고 나면 중, 단기 계획의 작성에 들어간다. 이것은 장기 계획의 세분화이다. 3년, 혹은 5년이라는 중간 계획, 그에 따르는 1년 단위의 단기 계획이 적합하다. 그리고 나서 월, 주, 일마다의 행동 요강이 자연적으로 생기게 마련이다. 바꾸어 말하면 자기의 목적 달성을 위해서 지금 무엇을 하지 않으면 안 되는가 하는 뚜렷한 방향을 잡게 된다.

 이러한 행동 강령과 그에 수반되는 행동은 현재의식의 영역이지만 잠재의식이 뒷받침하고 있는 것이니 결코 생각나는 대로의 행동이 아니다. 그리고 매일 매일의 꾸준한 행동은 마치 한 방울의 물이 언젠가는 큰 바다를 이루는 것과 마찬가지로 당신을 성공으로 이끌어준다. 또한 계획을 경우에 따라서 변경해야만 될 상황이 올 수 있다. 이것은 당연한 일이며 자주 변경해도 크게 나쁜 것은 없다. 다만 계획의 입안을 포기해서는 안 된다.

③ 그 목표와 계획에 확신을 가지라

이 세상에서 믿는다는 것만큼 확고한 것은 없다. '신념'을 가지고 일을 한다면 불가능은 없다. 스스로 욕망의 불꽃을 꺼뜨리지 않기 위해서는 믿는 일만이 최상의 방법이다. 맹목적이라 해도 좋다. 외

고집이라 해도 상관없다. 의심하는 마음이야말로 죄악이다.

④ **하나의 목표에 집중하라**
날카롭게 갈아놓은 송곳 끝은 아무리 딱딱한 것이라도 뚫고 들어간다. 자신의 에너지를 집중해야만 목표를 이룰 수 있다. 목적을 향해서 예리한 송곳 끝 같은 에너지를 집중시키지 않으면 안 된다. 세계 최강의 복서 무하마드 알리는 상대의 펀치를 맞고 얼굴을 찡그리면서도 그 눈은 상대를 응시하였다. 이 집중이야말로 성공의 조건인 것이다.

⑤ **지속성을 유지하라**
지속하는 일의 효과는 한 방울 한 방울 떨어지는 보잘것없는 낙수가 돌에 구멍을 뚫는 것처럼 큰 힘을 발휘한다. 되풀이하고 또 되풀이하는 반복 작용은 위대한 힘을 발휘한다. 아무리 작은 노력이라도 되풀이하고 또 되풀이해 볼 일이다. 일단 중지해버리면 다시 시작하기에는 대단한 에너지가 필요하다. 이거야말로 엄청난 낭비라 아니할 수 없다. 잠재능력을 믿고 한 번 결정한 일을 지속해서 밀고 나가는 것이야말로 성공으로 가는 지름길이다.

⑥ **남의 말에 좌우되지 말라**
위업을 성취한 사람들의 대다수는 주위 사람들에게 그다지 영향을 받지 않는다는 공통점이 있다. 때로는 마이동풍처럼 남의 떠드는 소리에 귀를 기울이지 않는 것도 중요한 일이다. 급히 걷고 있을

때에는 뒤를 돌아다보아서는 안 된다.

⑦ 하루는 8시간이 아니다

인간의 정신 생활에는 시간이 따로 없다. 무슨 일인가를 성취하는 사람은 항상 그 일이 염려되어 떠나지 않는다. 봉급생활자의 근무는 8시간으로 좋을지도 모른다. 그러나 무엇인가 목표를 가진 사람의 근무시간은 한정이 없다, 그 목적을 달성하기까지는. 잠재능력 역시 잠시 잠시동안도 쉬고 있지 않다. 성공 레이스에 참가하는 의지가 있다면 이것을 잊어서는 안 된다.

⑧ 실패를 두려워하지 말라

무슨 일인가를 하려는 사람에게 있어서 실패는 당연한 일이다. 따라서 실패를 두려워해서는 안 된다. 왜냐하면 실패는 성공을 향한 과정에 지나지 않기 때문이다.

51	자신의 상상력을 최대한 동원하라
52	상상력을 통해 새로운 방법을 창조하라
53	상상력의 저해 요소를 제거하라
54	자신·확신이 있는 상상을 하라

Part 6

행복한 성공을 위한 상상력의 활용 법

51 자신의 상상력을 최대한 동원하라

옛날에는 달나라에 계수나무가 한 그루 있고, 토기 두 마리가 절구방아를 찧고 있는 것으로 생각해 왔다. 달은 인류가 도달할 대상이 아니라 전설과도 같은 신앙의 대상으로만 있었다. 하지만 그 것이 인류가 갈 수 있는 물체로 인식되어졌고, 결국 인간은 그 곳에 갈 수 있었다, 이제 달은 전설 속에 존재가 아니다. 오늘날 달에 토끼가 살고 있다는 생각은 초등학교에 다니는 어린이도 하지 않는다. 더구나 인간이 실제로 달에 착륙해서 조사를 하고 왔으니 이것을 믿으라는 것은 무리이다.

현대의 과학기술은 달에 로켓을 도착시켰고, 다시 화성과 금성으로 로켓을 날릴 수도 있게 되었다. 그 진보적인 발전은 보통 사람의 감각으로는 그저 놀랄 수밖에 없는 일이지만 전문가의 입장

에서는 지극히 당연한 일로 보인다. 인류가 달에 도달할 수 있었던 원인은 달에 갈 것을 계획하고, 그에 상당한 기술을 개발하고, 실험을 반복하고 비로소 성공했다는 점이다. 무엇보다도 '인간 상상력의 승리' 라고 말하고 싶다. 우선 달에 가려는 이미지가 상상력으로 누군가의 머리 속에 싹텄다. 그 이미지가 차차로 부풀어 많은 사람의 머리 속에 그려지게 되었고, 끝내는 구체적인 계획으로 진보되어 마침내 성공했다는 것이다. 또 우리들이 별다른 생각 없이 사용하고 있는 문명이기도하다. 따지고 보면 모든 사람의 마음 속에 묘사된 것이 실체로 구현된 것에 지나지 않는다.

　우리들은 상상한다고 하면 무엇인가 멋대로 머리 속에 그리는 것이라 생각하여 가볍게 취급하기 쉽다. 그런데 이 상상력이야말로 이 세상 모든 발전의 근원이다. '모든 것은 이미지에서 태어난다' 라고 말해도 좋을 만큼 상상력은 강한 파워를 지니고 있다.

　인간은 무슨 행동을 시작할 때, 그 행동이 가져다 주는 결과를 미리 상상하고 있다. 이를테면 바다에 나가 수영을 하려는 자세를 취할 때의 심리상태는 맑게 개인 푸른 하늘, 끝없이 펼쳐지는 수평선, 하얀 모래밭에 내리 쬐이는 뜨거운 햇살, 그 아래에서 수영을 하는 자신…… 이러한 이미지를 마음속에 그리게 된다. 그리고 그것이 바람직하다고 느껴졌을 때 '좋다! 바다로 가자' 하고 행동에 옮기는 것이다.

　상상의 내용은 사람에 따라서 차이가 있겠지만, 상상을 하지 않고서는 참된 행동이 있을 수 없다고 말해도 옳다. 그만큼 인간의 정신생활에 상상이 차지하는 역할은 크다.

상상력을 통해 새로운 방법을 창조하라

인간이라는 동물에게만 있는 행위가 창조이다. 이것은 이제까지 이야기해 온 상상력과 밀접한 연관성을 가지고 있다. 양자의 관계는 '상상 없이는 창조가 없다'라고 할 만큼 밀접하다.

한 예를 들어보자. 〈인간희극〉 등의 저작으로 유명한 19세기 프랑스의 작가 발자크는 51세로 영면에 들 때까지 방대한 분량의 소설을 썼다. 그의 초인간적이라고 말할 수 있는 집필력의 비밀은 남보다 갑절이나 강한 상상력에 있었다고 한다. 그는 서재에다 빈 액자를 걸어 놓고, 그 속에서 충분히 그림을 즐길 수가 있었다.

드라크로아나 루벤스의 걸작이 있다고 상상하면 빈 액자가 금새 환상적인 대 화가의 명화로 바뀌어버리는 것이다. 이는 상상력이 어떻게 창조와 관련되어 있는가를 보여주는 좋은 예라 할 수 있다.

생각해 보면 이것은 지극히 당연한 일이다. 잠재능력을 발휘하기 위해서는 먼저 무엇보다도 앞서서 하지 않으면 안 되는 일이 있다. 그것은 거듭 말한 바와 같이 마음 속에 그림을 그리는 일이다. 마음속에 그림을 그리면 잠재능력이 되어 실현의 방향으로 걷기 시작한다. 모든 것은 마음의 그림, 다시 말해서 최초의 이미지에 그 출발점이 있다. 달에 도착할 수 있었던 것도 누군가가 그 일을 마음에 그렸기 때문이었듯이, 인류의 문명·문화가 모두 이미지 행동 창조의 패턴으로 옮겨지고 있다.

인생 그 자체가 당신이 바람직하다고 생각하는 이미지로 부각되어 나가는 것은 당연한 일이다. 이 세상에서 성공한 자나 지극히 창조적인 직업에 종사하고 있는 인물은 누구든 '꿈을 꾸는 듯한 자기'의 부분을 가지고 있다.

잠재능력의 기능을 믿는다면 먼저 상상하는 훈련부터 시작하지 않으면 안 된다. 사람들로부터 '꿈같은 소리를 하는 녀석'이라는 말을 듣기 시작했을 때 당신은 진실로 창조적인 인간이 될 수 있는 자격을 얻은 셈이다.

53
상상력의 저해 요소를 제거하라

바람직한 자기 상, 혹은 바람직한 미래의 자기 모습을 묘사하려해도, 이것을 저해하고 헛되게 하려는 것이 차례로 나타나 모처럼의 노력이 무너지는 경우가 있다. 사람에 따라서 성격이나 기질의 차이는 있지만 누구라도 나름대로의 감정을 가지고 있으며, 그 감정이 상상에 미치는 영향은 매우 크다. 특히 젊은 사람이나 여성들은 비교적 순진하게 자기의 목표를 향해서 상상력을 펼치고 실행에 옮기지만, 의외의 사건이나 환경의 변화에 봉착하게 되면 당장에 실망해서 바라는 일과 반대되는 상상으로 치닫게 된다. 좋은 시작을 강행했음에도 불구하고 너무나 간단하게 나쁜 상상으로 옮겨가 버리는 것이다.

아무리 상상이 창조를 낳는다고는 하지만 일정한 시간 동안 기다리는 노력도 반드시 필요하다. 그런데 이 기다리는 노력을 가로막는 감정이라는 것이 있다. 그래서 감정을 다스리는 자기 통제가 필요하다. 상상함에 있어 바람직한 부분은 선택하고 바람직하지 못한 부분은 제거하려는 감정의 지배가 필요하기 때문이다.

일반적으로 감정이란 이성과 달라서 취급하기 어려운 것으로 생각되어진다. '저 사람은 감정적으로 일을 처리하니까 곤란해' 라는 말로도 이것은 잘 표현되고 확실히 감정이란 통제하기가 어렵다. 감정을 자기 자신도 어쩔 수가 없느냐 하면 결코 그렇지는 않다. 감정을 스스로 억제하고 바람직한 방향으로 끌고 나가는 일이란 어렵지만 충분히 가능한 일이다.

그래서 감정을 통제하는 방법으로는 두 가지 측면이 있다. 하나는 '말' 이고, 다른 하나는 '환경' 이다.

먼저 언어의 측면에서 감정을 통제하는 최대의 포인트는 '언짢은 말에 귀를 기울이지 말라' 는 것이다. 왜냐하면 언어가 갖는 위력이 매우 크기 때문이다. 우리들은 평소 말을 무심코 내뱉지만 입은 재앙의 근원이라는 격언이 있듯이 때로는 절대적이라고 할 수 있는 영향력을 갖는다. 또한 언어는 비참한 상황 속에 빠져 희망을 잃는 사람을 되살릴 수도 있으며, 활기에 가득 차있는 사람을 의기소침하게 만들 수도 있다. 인생을 좌우할 만큼의 충분한 힘을 언어는 가지고 있다. 그러므로 감정을 바람직한 상태로 가져가는 말은 밝고 긍정적인 말을 쓰도록 조심하는 일이다.

일반적으로 소극적인 말만을 골라서 사용하면 인간의 기분은 소극적이 되기 쉬우며, 반대로 적극적인 말을 쓰다보면 적극적인 방법으로 살 수 있게 된다. 예를 들면 암흑, 불행, 죽음, 고민, 고통, 고뇌, 실패, 절망 등, 이런 말들에는 누구든 마음이 답답해진다. 반대로 꿈 희망, 이상, 환희, 태양, 봄, 탄생 등, 이러한 밝은 단어를 사용하면 어쩐지 즐거운 기분이 들어서 쾌활해진다. 성공한 사람, 혹은 활발하게 인생을 살고 있는 사람을 자세히 관찰해 보면 언어의 선택을 분명하게 하고 있음을 알 수 있다. 소극적인 언어나 어두운 이미지의 말을 입 밖에 내는 일이란 매우 드물다.

그런데 실패한 사람이나 불행한 사람의 말을 듣고 있노라면 흡사 실패한 것이 아닌가, 불행한 사람의 말을 듣고 있노라면 흡사 어둡고 음울한 소극적인 언어를 내뱉고 있다. '불평은 불행을 부르는 주문' 이라고 한다. 감정을 지배하기 위해서는 먼저 언어의 선택이 중요하다. 그리고 음울하고 어두운 말을 사용하는 사람과는 되도록 가까이 하지 않는 것이 좋다.

둘째로 환경의 문제이다. 환경이란 말할 것도 없이 외부의 상황으로 그것이 인간에게 미치는 영향 또한 무시할 수 없다. 가랑비가 부슬부슬 내리면 어쩐지 구슬퍼지고 맑게 개인 하늘을 쳐다보면 마음도 가벼워진다. 그런데 환경이라는 것은 당초부터 절대적인 상황이 설정되어 있어서 인간은 거기에서 영향을 받을 뿐이라고 생각하지만 그것은 사실이 아니다. 이를테면 같은 산이나 같은 바다를 보아도 사람에 따라서 각기 다른 감각으로 받아들인다.

왜냐하면 동일한 환경이라 할지라도 받아들이는 사람의 마음가짐에 따라서 느낌이 틀려지기 때문이다. 자연환경과 같은 경우 그다지 큰 차이가 없을지는 모르겠으나 사회환경, 혹은 개개인의 주위 환경은 받아들이는 사람의 마음가짐에 따라 큰 영향을 받는다. 실패란 누구에게나 있는 것이며 과실로 쉽사리 인생을 체념하는 사고방식에 있다.

54 자신·확신이 있는 상상을 하라

세상에는 자신이 있는 사람과 그렇지 않은 사람이 있다. 무슨 일을 하든 자신이 있는 사람은 인생을 훌륭하게 헤엄쳐 간다. 개중에는 아무런 근거도 실적도 없이 덮어놓고 자신감이 넘치는 것처럼 보이려는 사람도 있다. 하지만 전혀 자신감이 없는 사람보다는 비록 과장 돼 있기는 해도 자신감이 넘치는 편이 오히려 낫다. 왜냐하면 자신감이 상상의 장애가 되는 불안이나 근심을 제거해 주기 때문이다.

아무리 실력이 있는 사람이라 할지라도 정상적인 마음가짐이 있는 한 불안이나 근심과 전혀 상관없이 살아갈 수는 없다. 왜냐하면 불안과 근심이라는 정신활동은 인간 고유의 것이기 때문이다. 인간 이외의 동물에게는 불안이나 근심이 없다. 그러나 인간이기 때문에 불안과 근심을 갖지 않으면 안 되는 숙명을 짊어지고 태어난 것이다. 따라서 불안과 근심에 대처하기 위해서는 이성적으로 사물에 임하지 않으면 안 된다.

일반적으로는 불안이나 근심이 있으면 술을 마시거나 노름을 하기도 한다. 무슨 방법으로든 기분전환을 하고자 한다. 약간의 기분전환은 나름대로 효과가 있겠지만 불안이나 근심에 정면으로 맞서 자아의 발견을 위해 철저하게 분석해 보는 일도 중요하다. 기분을 얼버무리는 정도로 해소할 수 있는 불안이나 근심이라면 그것은 다행스러운 일이지만, 현실에서 해결하지 않으면 안 될 불안이나 근심은 그 원인이 되는 요소를 발본하는 이외에는 달리 해결할 방법이 없을 것이다. 결코 그것으로부터 도피하려 해서는 안 된다. 사실을 사실대로 인정하고 피하지 않는다면, 그리고 문제 해결을 위해 노력한다면 의외로 불안이나 근심에서 탈피할 수 있다. 본래 불안과 근심은 미지를 향한 것이 원인이 되는 수가 많다. 혼미에 빠지지 않는 마음이야말로 참된 마음이다.

불안과 근심을 훌륭하게 이겨내면 자연스럽게 자신이 생긴다. 자신감은 성공에 의해서도 생기지만 곤경을 어렵게 넘어선 후에 더 크게 생긴다. 자신을 얻게 되면 그러한 체험은 자기의 상상을 보다 바람직한 방향으로 유도하는 데 도움을 준다.

55	타인과 더불어 사는 삶을 생활화하라
56	작은 일도 중요한 일이라는 것을 명심하라
57	자신의 감정을 좋게 만들어라
58	장소의 분위기를 바꾸는 분위기 주도형이 되라
59	시간에 대한 강박관념을 버리고 여유의 마음을 가져라
60	있는 그대로 자신의 모습을 보여라
61	사람들에게 적절한 예절을 갖춘다
62	상대를 즐겁게 하는 말의 예절을 익힌다
63	연령에 맞는 장점을 이끌어 낼 수 있도록 사람을 고용한다
64	훌륭한 친구를 갖는다는 것은 행운이다
65	결점을 너그러이 봐주는 것이 우정은 아니다
66	진지한 충돌로부터 우러나는 '부모와 자식의 우정'
67	자신을 드러내는 용기를 갖는다

행복한 성공을 위한 사람관리

55 타인과 더불어 사는 삶을 생활화하라

우리의 행복은 작은 일로 좌우되는 경우가 많다. 우리는 이 세상에 단 한 사람으로서가 아닌 많은 사람들 중의 하나로 살고 있다. 그 한 사람 한 사람이 자기 나름의 가치관을 가질 권리가 있으며 또한 우리는 그것을 주장하기도 한다. 자신에게 보잘것없이 보이는 일이 다른 사람에게는 중요하게 보이기도 한다.

예를 들면 인사방법, 사회적 예의, 몸가짐에서 개인적 가치관이 드러난다. 또한 우리가 사용하는 말들, 상대방의 안부를 물을 때 쓰는 상투적인 언어나 편지를 쓸 때 가장 흔히 사용하는 인사말들은 이야기의 본론으로 들어가기 위해 쓰는 경우가 많다. 이런 별다른 의미가 없는 사소한 말, 그리고 아침, 점심, 저녁에 하는 상투적인 인사도 알고 보면 중요한 역할을 한다. 그런 말은 호의와 친근감을 나타낸다. 더불어 살아가야 할 사람들에게 인사조차 하지 않는다면 신뢰를 얻기 힘들며, 사교적이지 못하다는 느낌을 준다. 그는 거만하고 타인의 접촉을 꺼리는 사람으로 취급될지도 모른다.

단지 싫다는 생각만으로 세상 사람들을 피하는 이가 많다. 그런 사람은 경박한 대화와 경박한 행동으로 시간을 낭비하느니 차라리 고독과 은둔 생활을 하는 것이 낫다고 생각한다. 인류에 공헌을 한 사람들은 결코 그런 태도를 취하지 않는다. 그들은 세상 사람들과 어울려 생활했고, 세상을 개선하기 위해 무언가를 하려 했다. 많은 철학자들이 호감을 갖기 어려운 타락한 사람들과 어울려 오랜 시간을 보냈다.

고독주의자로 알려진 어느 철학자는 다음과 같이 설명하고 있다. "인간은 황야에 은둔하거나 올빼미처럼 숲 속에서 자거나 해서는 안 된다. 나는 제자들이 세상과 단절한 채 군중을 피하는 신경질적인 행동을 하지 않기를 바란다. 세상 사람들과 어울려 생활함으로써 현명하고 남을 배려하는 인간이 될 수 있으며 즐거움과 교훈도 얻을 수 있다. 지겨운 이야기를 참아가며 들어줄 때, 잘못을 용서하고 결점을 눈감아 줄 때, 우리는 사회생활의 즐거움과 환희를 맛볼 수 있다."

작은 일도 중요한 일이라는 것을 명심하라

인사하는 것과 마찬가지로 옷 입는 것도 절대 무시할 수 없다. 물론 모자나 겉옷의 디자인이 정신력을 높여주거나, 건전한 마음을 조장하지는 않지만 사람은 외양으로부터 선입견을 가지게 마련이다. 그리고 이러한 선입견은 좀처럼 잊혀지지 않는다. 따라서 자신의 능력을 중요시 여긴다면, 의복의 유행이나 종류에도 신경을 써야 한다. 유행에 민감한 것도 좋지 않지만 너무 뒤지는 것도 곤란하다.

하나 더 추가하면 세상은 작은 것으로부터 성립되어 왔다는 사실을 기억해야 한다. "작은 일이 중요하다"라는 역설적 표현은 작은 일이 큰 결과를 가져온다는 뜻이다. 즉 진실을 날카롭게 지적한 물질세계를 살펴보면 작은 행위가 원인이 되어 대단히 큰 결과를 낳는 경우가 많다. 자연을 바뀌게 하는 원인은 흔히 생각하는 것처럼 커다란 회오리나 홍수가 아니다. 그것은 잠깐 동안 피부를 간질이던 산들바람과 부드럽고 상쾌한 비나 이슬이다.

인생에 있어서도 마찬가지이다. 큰 결과를 낳는 것은 다름 아닌 작은 일이다. 돈이 많은 부자는 원래 그렇게 부자인 것이 아니다. 단지 작은 돈을 소중히 했을 뿐이다. 작은 돈을 아끼고 귀하게 여겼을 뿐이다.

우리가 쓰는 말도 그렇다. 평소에 조심해 사용하면 훗날에도 예의에 어긋나는 말은 사용하지 않게 된다. 평소의 한마디가 나중에 그의 언어습관을 대변한다. 단 한 모금이 술꾼을 만들고, 불결한 생각이 육욕의 인간을 탄생시킨다.

또한 아무리 사소한 실수일지라도 여러 번 되풀이되면 몸과 마음에 악영향을 준다. 작은 실수를 계속해서 저지르는 사람은 어느새 그런 좋지 않은 행동에 익숙해져 버린다. 결국 마음이 병들어버리는 것이다. 때문에 전혀 보잘것없는 사소한 일, 즉 소액의 돈, 단편적인 시간, 사소한 말, 의미 없는 행동 등에 대해서도 실수를 범하지 않도록 노력해야 한다.

57 자신의 감정을 좋게 만들어라

    인간의 성질은 아주 다양하고, 천차만별이다. 무슨 일에든 금방 화를 내는 사람이 있는가 하면 그렇지 않은 사람도 있다. 그러나 그런 성질도 사람의 습관에 따라 달라진다. 자신이 쉽게 화를 내는 성질이라고 생각되면, 화를 낼 때의 행동들을 잘 생각해 보고, 자신이 어떤 행동을 가장 먼저 하는지 주의 깊게 반성해 보아야 한다. 천성이 온화한 사람은 다른 사람이 흉내내지 못할 정도로 무난한 태도로 말을 하고 행동한다.

  불행을 당한 사람에게 "그에게는 좋은 약이 된다"고 말하거나 형을 언도 받은 범죄자에 대해 "벌을 받는 것은 당연하다"라고 말한다면 좋지 않은 일이다. 하지만 이 것이 습관이 되면 은연중에 그런 말이 튀어나올 수도 있다. 이런 식의 말을 마치 화가 난 듯한 말투로 마구 떠들어댄다면 자신도 모르는 사이에 그것이 성품이 되어 당신은 무슨 일에든 곧 분노를 느끼는 사람으로 변해간다.

 그러므로 거친 성격의 사람은 부드럽고 온화하게 말하는 방법을 배워야 한다. 목소리를 높여 감정적인 말투로 말하면 확실히 더 감정적이 되어버리게 마련이다.

장소의 분위기를 바꾸는 분위기 주도형이 되라

학교 수업시간에 아이들이 실험용 대상으로 작은 동물의 생명을 빼앗게 되는 일이 있다보니 그것이 교육적 차원일 지라도 자칫 아이들에게는 생명의 소중함보다는 흥미로움에 더 빠지기 쉽다. 이런 상황에서 자란 아이들은 성장해서도 생명의 소중함을 모르게 된다. 비록 유해한 곤충이나 파충류라 할 지라도 생명의 소중함을 알지 못한다면 우리는 자신에 불유쾌한 짓을 하는 상대에게 증오심을 넘어 극한 감정을 가질 가능성이 높다.

다윈에 의하면 불유쾌한 일을 떠올리고 화를 내던 때의 행동과 말을 흉내내면 누구라도 실제로 쉽게 화가 난다고 한다. 자신이 화를 잘 내는 사람이라고 생각되면 화를 내지 않는 방법을 연구해야 한다. 그 제일 좋은 방법은 목소리의 억양을 낮추는 것이다.

런던의 한 상인이 천주교 교도인 어느 신사와 거래의 결산 문제로 논쟁을 했다. 상인은 재판을 하려 했지만, 신사는 그렇게 하고 싶지 않았다. 그래서 있는 힘을 다해 논쟁을 하며 상인에게 잘못을 인정하게 하려고 했다. 그러나 아무 소용이 없었다. 어느 날 아침 천주교 교도는 마지막으로 그를 설득하기 위해 상인의 집을 방문했다. 천주교 교도는 입구에서 안내를 청했고 이 소리를 들은 상인은 계단 위에서 큰 목소리로 말했다.

"그 무뢰한에게 나는 집에 없다고 말해 주어라."

상인의 흥분된 억양에 비해 천주교 교도는 조용히 응수했다.

"친구여, 부디 진정하십시오"

그 말의 온화함에 놀란 상인은 좀더 신중히 그 문제를 다시 생각했다. 그 결과 자신이 틀렸으며 상대가 옳았다는 것을 인정하기에 이르렀다. 상인은 천주교 교도에게 면회를 요구해 자신의 잘못을 인정한 후 이렇게 말했다.

"당신에게 하나 묻고 싶은 게 있습니다. 나의 험한 욕설을 어떻게 그렇게 참을 수 있었습니까?"

그러자 천주교 교도는 이렇게 대답했다.

"그 이유는 다음과 같습니다. 나는 본래 당신과 똑같이 성격이 급하고 거칠었습니다. 그러나 그런 성격에 굴복하는 것은 바보 같은 짓이라는 생각이 들었습니다. 나는 감정적인 사람은 반드시 큰 목소리로 말한다는 것을 발견했지요. 그래서 말소리를 낮추면 감정도 억제할 수 있다고 믿었습니다. 그래서 일정한 크기 이상의 목소리는 내지 않겠다고 결심했습니다. 그것을 주의 깊게 지킨 덕택에 급하고 거칠던 천성을 억누를 수 있었습니다."

59 시간에 대한 강박관념을 버리고 여유의 마음을 가져라

만일, 주위 사람의 말이나 행동 때문에 화가 나려 한다면 잠시 동안 그 일에 대해 생각해 볼 필요가 있다. 자신은 성격이 너무 급해서 그것이 도저히 불가능하다고 생각되면 시간을 벌기 위한 수단을 강구해야 한다. 천천히 하나부터 열까지 세는 방법도 좋다.

어느 성질 급한 철학자가 있었는데 그는 병이 든 후 더욱 화를 잘 내곤 했다. 어느 날 러시아 황태자와 몇 명의 부인이 그의 병 문안을 왔다. 마침 짜증이 난 그는 몸을 일으켜 손님들에게 방에서 나가달라고 말했다. 잠시 후 그가 자신의 경솔함을 후회하기 시작했을 때, 황태자가 방으로 들어와 인자한 모습으로 철학자에게 말하였다.

"혹시 또 그대가 친구에게 이런 예의에 벗어난 행동을 할까 두려워지면 그대는 마음 속으로 기도의 말들을 되풀이하게."

그는 이 충고를 듣고 짜증을 얼마간 억누를 수 있었다. 그런 일이 있고 나서 이번에는 황태자가 그에게 조언을 구해왔다. 황태자는 '연인에 대한 격렬한 감정을 어떻게 하면 잘 억제할 수 있을까' 자문을 구했다. 이 말을 들은 철학자는 이렇게 대답했다.

"그런 문제라면 먼저 번 당신이 내게 말씀하셨던 그 방법보다 더 나은 것은 없습니다. 열정을 못 이길까 두려워지면 기도의 말들을 낭송하십시오. 그러면 열정을 절도 있는 영구불변의 애정으로 바꿀 수가 있습니다."

생각하기 위한 시간, 그것 이외에 더 필요한 것은 없다. 예를 들어 누군가가 모욕했다는 소문을 듣고 화가 났다고 해도, 그 누군가가 그곳에 없으므로 소문의 진위를 확인할 길이 없다. 만일 모욕한 게 사실이라 해도 화를 낼 일인지 아닌지는 잘 생각해 보아야 한다. 또 화를 내는 게 당연하다고 생각되어지는 경우도 그런 말을 한 사람이 자신의 실수를 후회하고 있을지 모르므로 신중해야 한다.

비록 화를 잘 내는 사람으로부터 심한 말을 들었다해도 화를 내서는 안 되며 오히려 상대를 불쌍히 여겨야 한다. 화를 내는 것은 일종의 병이다. 하나의 병을 치료하기 위해 또 하나의 병을 증가시킬 필요가 없다. 화를 내는 것은 병인데 상대가 화를 낸다고 해서 자신도 같이 화를 내면 또 한 사람의 병자가 탄생하는 것이다. 자신도 상대와 똑같이 불쾌해져 상대의 병을 고칠 수 없게 된다. 그러므로 이러한 감정에 사로잡히는 것은 참으로 어리석은 일이다.

상대에게 스스로 느끼게 하는 것, 미안한 감정 역시 스스로 먼저 느끼게 하는 것, 미안한 감정 역시 스스로 먼저 느끼게끔 하는 것이 상대의 병을 고치는 최선의 대응책이다. 우리는 구타나 결투, 전쟁 등 모든 폭력이 얼마나 터무니없는 어리석은 행동인가를 알 수 있다. 개인 또는 국가가 잘못을 저질렀다 해서 그것을 멸망시킬 권리가 있는가. 한 개뿐인 잘못을 두 개로 늘리는 일이나 마찬가지이다. 두 개의 잘못에서 하나의 바른 행동이 생겨날 수는 없는 일이다.

60 있는 그대로 자신의 모습을 보여라

부끄러움을 아는 사람 중에 절대적인 악인은 없다. 우리는 현실을 받아들이지 않으면 안 된다. 만약 자기 가게의 상품을 팔기를 원한다면 광고를 하거나 매물로서 진열대에 진열하는 게 좋다. 따라서 자신이 세상 사람들로부터 인정받고 싶다면 자기 주장을 해야 한다. 단 자신을 잘 성찰하고 거짓 없는 본래의 모습을 보여주어야 한다. 자기 주장은 자기 선전을 하는 것도, 과장되게 말하는 것도 아니며 잘난 척 하는 것도 아니다. 단지 사실 그대로를 알리는 것이다.

상식은 풍부한데 말을 걸었을 때 확실히 대답을 하지 못하거나 상대의 얼굴도 제대로 보지 못하는 사람이 있다. 남들에게 웃음을 사고 싶지 않다는 생각이 오히려 웃음거리를 제공한다. 훌륭한 재능의 소유자이면서도 다른 사람과 말을 할 때 상대의 발 밑밖에 보지 못하는 사람이 있다. 또 상대에게서 얼굴을 외면하듯 앉아 등을 돌리고 말을 하는 사람도 있다. 지나치게 내향적인 성격 탓에 손해를 보는 사람은 아주 많다. 그렇다고 내향적이 되지 말라고 할 수도 없다.

현실은 여러 가지 면에서 마음대로 되는 것만은 아니다. 그렇기 때문에 자신의 모습을 현실로 받아들이고 단지 보다 현명하게 생활할 수 있도록 끊임없이 노력해야 한다. 즐기고자 하는 의지가 없는 사람에게는 즐거운 일이 생기지 않는다. 분별력 있고 세상 물정에 밝은 사람은 아이러니컬하게도 이 세상에서 제일 **뻔뻔스러운** 사람과 닮아 있다. 항상 자신의 권리를 주장하고 자신의 목적을 추구하는 점이 닮았다. 그러나 다른 점이 있다. **뻔뻔스러운** 사람은 행동이 거만하지만 분별력 있는 사람은 겸허하고 겸손하다.

언제나 사람들 앞이나 회합의 장소에서 주눅든 모습만 보인다면 결국은 하찮은 인간이라고 인식될지도 모른다. 따라서 이런 태도는 결코 바람직하지 못하다.

사람들에게 적절한 예절을 갖춘다

내성적인 사람은 무능한 사람으로 취급받을 수 있다. 하지만 이런 내성적이며 사교성이 부족한 사람은 그다지 문제를 일으키지는 않는다. 하지만 소위 말하는 오만한 사람은 문제를 일으키기 쉽다. 이런 사람은 좋은 친구와의 교제를 통해 예의를 익혀야 한다. 훌륭한 인물인데도 좋지 않은 버릇으로 인해 사람들로부터 배척 당하는 예는 많다. 사람들에게 한번 나쁜 선입관을 심어주면 그 선입관을 없애기는 무척 힘들다. 그러므로 사람들에 대한 적절한 예의와 교양이 필요하다.

우리는 살아가면서 일상에서 일어나는 일들을 소홀히 생각하기 쉽다. 하지만 인생의 대부분은 그런 작은 일들이 모여 이루어지는 것이다. 그러한 것들로부터 벗어날 수 없을 바에는 기왕이면 즐거운 마음으로 그런 작은 일들을 맞이하는 것이 좋다. 사람들에 대한 좋은 예의만큼 자신에게 유익한 것은 없으며, 또한 그것만큼 몸에 익히기 어려운 습관도 없다.

올바른 예절을 몸에 익힌 사람은 결코 형식을 중요시하거나 함부로 남 앞에 나서지 않는다. 또한 사람들과 잘 교제를 나누므로 외톨이가 되지도 않는다. 그러나 우리 주위에는 단정한 몸가짐과 겉치레의 허영을 혼동하고, 예의와 형식을 구별하지 못하는 사람이 많다.

올바른 예절은 상대에 대한 존경의 뜻을 표현하는 기술이다. 예의는 양식에서 생겨나고 좋은 친구와 사귐으로서 숙련되어 간다. 책을 통해 배우고 익히는 것이 아니라 그 사람의 습관에 의해, 또는 다른 사람을 알고 싶어하는 삶의 태도에서 익히게 된다.

예의 바른 사람은 뽐내거나 자랑하지 않는다. 그 사람은 행동 하나 하나에서 예의바름이 내재해 있어 부자연스럽지 않고 다정한 태도를 보인다. 다른 습관처럼 예의범절도 평소의 행동을 통해 몸에 익혀진다.

사람의 호감을 끄는 몸짓이나 품위 있는 말투는 선천적인 경향이 많다고 해도, 친절하고 붙임성 있게 사람을 대하는 일은 누구나 마음만 먹으면 좋은 습관으로 만들 수 있다.

사람에게 말을 걸때는 친절한 마음으로 상대가 기뻐하길 바라며 말을 건다. 웃는 얼굴로 정답게 말을 붙이면 표현방법이 다소 서툴다해도 그 진실은 통할 수 있다. 하지만 어색한 붙임성과 지나치게 허물없는 태도는 오히려 사람들의 웃음거리가 된다.

62 상대를 즐겁게 하는 말의 예절을 익힌다

예의바른 태도는 사람들에게 호감을 주며 그 자체로 설득력을 갖는다. 그것은 그 사람의 모든 행동과 용모를 아름답게 만든다. 예절이란 결국 자신의 주장은 뒤로 미루고 다른 사람이 좋은 느낌을 갖도록 행동하고, 상대방을 거북하게 만드는 행동을 삼가하는 것이다. 그리고 자신을 중심으로 움직인다는 생각을 버리고 자신은 커다란 기계의 일부분이며 타인도 자신과 똑같이 중요한 수레바퀴임을 깨달아야 한다.

예의범절을 지킨다는 것은 이기주의나 허영, 자만과는 정반대의 태도이며 상대의 재정 능력 또는 지위의 유무고하를 막론하고 누구에게나 해당되는 것이다. 경의를 표하며 상대의 의견에 반론하는 기술도, 아첨하지 않고 상대를 기쁘게 하는 기술도 터득해야 한다.

1. 지루한 이야기, 또는 많은 말로 상대방을 불편하게 하지 않는다.
2. 반드시 상대의 얼굴을 보고 말하고, 상대의 말을 들을 때에도 상대의 얼굴을 주시한다.
3. 상대의 말을 주의 깊게 들으면서 그 말에 대한 존중하는 마음을 갖는다.
4. 상대가 한마디 할 때마다 말을 끊거나 말을 방해하지 않는다.
5. 의식적인 장단을 맞추기보다는 이따금 말이나 몸으로 동의를 표현하면 충분하다.
6. 모임에서는 누구나 자신을 들어내고 싶어하므로 말을 혼자 독점해서는 안 된다.
7. 남의 말을 들을 때에는 진지한 자세를 취하고, 예의에 어긋나는 행동을 삼간다.
8. 상대의 말을 앞질러 하거나, 상대의 말을 부연하지 않는다.
9. 자기 자신이나 친구에 대해서는 될 수 있는 한 말하지 않도록 한다.
10. 자신의 지식을 자랑하려 하지말고, 자신의 본분에 넘치는 행동에 유의한다.

63 연령에 맞는 장점을 이끌어 낼 수 있도록 사람을 고용한다

어떤 일에 적임자를 선택하는 데 있어서는 그 사람의 성격을 고려해야 하지만, 또한 그 사람의 연령도 고려해야 한다. 젊은 사람은 대개의 경우, 새롭거나 자신의 기호에 맞는 계획일 경우 그것에 간단히 말려들며, 우연히 마주친 어느 사람의 영향으로 간단히 그 계획을 포기해 버리기도 한다. 젊은 사람은 판단이 성급하고 경솔하기 때문에 상담상대로는 적합하지 않지만 행동적인 일에는 대단히 적합하다. 계획을 변경해선 안 된다는 사실을 젊은이에게 주지시켜서 행동적인 일을 맡기는 편이 좋다.

노인은 움직임이 둔하지만 믿음직하고 확실한 일을 맡기는 것이 좋을 것이다. 반면에 새로운 계획, 새로운 생활양식에는 저항감을 나타낸다. 일반적으로 사람은 나이가 들수록 욕심이 많아진다는 것도 고려해야한다. 따라서 행동적인 일을 맡기는 것보다 상담 상대로서 적합하다.

  노인은 달콤한 말이나 장황한 이론에도 간단히 설득 당하지 않는다. 노인은 과거의 사고방식, 습관, 형식에 집착한다. 특히 노인은 젊은이가 겉으로만 자신에게 의견을 구하는 체하는 것을 불쾌하게 생각한다. 노인은 존경받고 싶어하며 자신의 이야기를 들려주는 걸 좋아한다.

  화가 났을 때 젊은이는 말이나 행동이 앞서 마음 속에 감정을 남겨두지 않지만 노인의 경우는 가슴속에 담아두는 편이다. 젊은이는 비교적 쉽게 화해를 하지만 노인은 일반적으로 상대를 용서하는데 시간이 걸린다.

  함께 일을 할 상대로서 최적의 인물은 도리를 알고 냉정하며 단호한 성격 그리고 언제나 남을 도우려는 친절한 마음을 갖고 있는 사람이다. 게다가 오랜 경험과 세상에 대한 해박한 지식 등을 완벽하게 갖추고 나아가 신망을 모으고 있는 인물이라면 더할 나위 없이 좋다.

훌륭한 친구를 갖는다는 것은 행운이다

 삶을 살아감에 있어서 이성친구도 소중하지만, 그것 못지 않게 중요한 것이 동성친구이다. 자신을 향상시키고 유능한 인물이 되고자 하는 사람에게는 이성이든 동성이든 친구라는 것은 아주 중요한 과제인 것만은 분명하다. 그러므로 친구를 잘 고르는 일이 삶의 성공이냐 실패를 가늠하는 바로미터라고도 할 수 있을 것이다. "사람은 사귀는 친구를 보면 알 수 있다" 라는 속담이 있다. 친구로부터 강한 영향을 받는다는 것은 누구나 알고 있는 사실이다.

 루샤스라는 아주 내성적인 청년이 친지라고는 단 한 명밖에 없는 곳으로 이사를 했다. 그 의 한 사람의 친지인 프레드릭은 이웃사람들에게 멸시받고 있는 인물이었다. 하지만 루샤스는 아무하고

도 이야기하지 않은 채 한 마디도 안하고 살수는 없었다. 루샤스는 프레드릭과 이야기를 했다. 다른 친구들이 앞날을 걱정하여 루샤스에게 열심히 충고했지만 소용이 없었다. 루샤스는 자신의 마음이 결백하므로 설령 멸시받는 상대일지라도 때때로 함께 산보를 하거나 이야기를 하는 정도라면 괜찮을 것이라 여겼다.

경우에 따라서는 "내가 그를 잘 선도할 수 있을지도 모른다"는 생각이었다. 그 결과 루샤스는 알게 모르게 프레드릭의 나쁜 점을 조금씩 닮아갔다. 그리고 행실이 나쁜 인간을 개조시키는 일이 쉬운 게 아님을 알았다. 프레드릭을 조금이라도 개조시키기는커녕 나쁜 인간을 개조시키는 게 얼마나 어려운지를 깨달았지만 이미 늦은 상태였다. 프레드릭과 친하게 지냈기 때문에 루샤스는 자신이 속한 사회에서도 평판이 나빠졌다.

목사가 인간을 개조시키는 전문가라면 악인의 소굴에 들어가서 그들을 교화한다고 해도 별다른 위험이 없다. 그리스도는 세리와 죄인과 식사를 같이 했다. 그러나 그런 행동이 그들을 구제하기 위해서임은 사람들에게 잘 알려져 있다. 그러나 그렇다고 해도 세상의 비난을 완전히 면할 수는 없었다.

인간은 모방하는 동물이고 동료의 태도와 표정, 습관, 사고방식조차도 간단히 흉내내 버린다. 이것을 깊게 인식하고 있는 사람은 그다지 많지 않다. 나쁜 친구를 사귀면 세상으로부터 비난을 받을 뿐만 아니라 나쁜 친구의 행동을 그대로 모방하게 된다. 자신의 장점은 자꾸 사라지고 경솔함이 남는다.

 선인일 뿐만 아니라 가능하면 그 이상으로 높은 품성을 갖춘 인물을 친구로 삼는 것이 좋다. 순수한 의미에서 완전무결한 인간은 존재하지 않는다. 우리는 어떤 환상 속에서 친구를 사귀지 말고 단지 자신을 인격적으로 성장시켜 주는 인품의 소유자를 찾아야 한다.

 친한 벗을 많이 가질 필요는 없다. 아는 사람이 많아도 좋지만, 친한 벗은 몇 명 정도만 있어도 충분하다. 만일 친한 벗이라고 부르는 데 어울리는 친구가 한 명이라도 있다면 비교적 행복한 사람이다.

결점을 너그러이 봐주는 것이 우정은 아니다

단순히 웃는 얼굴을 우정의 증표라고 생각해서는 안 된다. 물론 우리는 언제나 명랑하게 지내야 한다. 주변 사람들의 미소, 마음에서부터 우러나오는 미소에 의해서 온화해지지 않는 사람은 없다. 누구나 상냥한 태도로 상대방을 대하면 우리들은 언제나 밝고 행복하게 살 수 있다. 붙임성 있는 상냥한 얼굴과 친절한 말은 분명히 우정을 표현하는 한 방법이고, 최소한 그러한 것이 있기 때문에 우정이 한층 두터워진다는 것도 사실이다.

아무리 붙임성이 있고 상냥하게 대해 주는 사람이라도 그것만으로 친구라고 말할 수는 없다. 진실한 우정에는 그 이상의 무엇이 있어야만 된다. 미소와 친절한 말의 가치는 누구든지 알고 있으므로 그것을 도구로 삼은 야비한 인간은 수없이 많다.

초면일 경우 찌푸린 얼굴로 무뚝뚝하게 말하면 다른 사람이 비위를 맞추기가 어렵다. 그런 태도는 어느 모임이든 초대받기는커녕 쫓겨나기 쉽다. 그렇다고 해서 고의적인 미소와 간사한 목소리를 지니라는 게 아니다.

전혀 모르는 인간이 친근하게 다가올 경우에는 대부분 어떤 목표를 가지고 있다. 생명과 재산, 명성 등과 같은 명확한 목표가 아닐지는 모르지만, 분명 어떤 이득을 구하려고 하는 위장된 몸짓이다.

"나무는 그 열매에 따라서 알 수 있다"는 말은 어떤 일에든 적용이 된다. 우정에 대해서도 마찬가지이다. 진실한 우정이란 표정과 말만이 아닌 솔직한 행위를 요구한다. 말로만이 아니라 행동을 수반해야 한다는 것이다.

모반 때문에 사형선고를 받은 퓨티오스를 위해 다몬은 스스로 인질이 된다. 가사정리를 위해 퓨티오스를 집으로 돌아가게 해주려고 잠시동안 인질이 된 것이다. 그러나 약속시간이 다가와도 퓨티오스는 돌아오지 않는다. 왕이 드디어 다몬을 대신 처형하려고 할 때, 사형장에 퓨티오스가 나타난다. 왕은 두 사람의 돈독한 우정에 감동을 받아 죄를 면해 주었다고 한다.

이런 이야기는 우리들의 눈을 일상적인 생활과 화제로부터 딴 곳으로 돌려놓는다. 속인인 우리들은 서로의 결점, 특히 하찮은 부분들을 너그러이 봐주는 상대방을 최선의 친구라고 생각해 버리기 쉽다.

다몬과 퓨티오스는 서로를 위해 목숨까지도 바칠 각오를 하고 있었지만 과연 정말로 서로를 위해 기꺼이 헌신하며 지냈는지 어떤지는 확실하지 않다. 또 그들은 잘못을 바로잡고, 서로의 인격을 가장 높은 곳까지 성장시키겠다는 의지를 소신껏 실천했는지도 확실하지 않다.

66 진지한 충돌로부터 우러나는 '부모와 자식의 우정'

참된 우정이라고 부르는 데 가장 어울리는 건 아마 자애심 깊은 아버지와 어머니가 자기 아이에 대해 품고 있는 우정일 것이다. 부모 이상으로 자신의 아이가 갖고 있는 결점을 알고 있는 사람은 없다. 그러므로 아이의 참된 친구 역할을 완수하는 사람으로서 부모이상의 적임자가 없다고들 말한다.

그렇다고 해서 모든 부모가 자기 아이의 진실한 친구 역할을 하느냐 하면 실상은 그렇지 못하다. 그 중에는 부득이하게 너무 바빠서 아이에 대한 우정을 표현할 틈이 없는 부모도 있다. 참된 우정이 무엇인지, 또 상대방이나 자신에게 어떠한 책임이 있는지를 전혀 알지 못하는 사람이 많이 있다.

여기에서 부모란 문자 그대로 아버지와 어머니 양쪽이란 의미이다. 아마 누구든지 아버지든 어머니든 어느 한 분이 한층 더 좋다는 마음이 있을 것이다. 그것은 그대로도 의미가 있으나 그래도 아버지와 어머니 양쪽의 우정을 진지하게 구해야 한다.

진지하게 구하여 부딪쳐 보면 지금까지 그다지 좋아하지 않았던 아버지 혹은 어머니가 자신에게 있어서 가장 신뢰할 수 있는 최선의 친구임을 알 수 있을지도 모른다. 어느 쪽이든 부모가 아이를 맹목적으로 사랑한 나머지 그다지 결점을 알 수 없게 된다는 위험성은 그 경우엔 확실히 적다.

진실한 우정이라고 부를 수 있는 이런 습관을 부모로부터 배우는 게 처음엔 상당히 어려울지도 모른다. 부모는 아이의 결점을 인정하고 싶어하지 않고, 더구나 그것을 바르게 고치고 싶어하지 않을 수도 있다. 그래도 자식이 계속 노력한다면 머지않아 반드시 부모도 바뀌게 된다. 그렇게 된 경우에 부모의 교육의 영향은 매우 크다.

물론, 부모의 힘이 만능이라고는 할 수 없다. 그래도 참된 친구가 되어주는 부모란 매우 귀중한 재산이다. 현재 그런 혜택을 받고 있는 사람들을 나는 알고 있다. 아버지에게로 가서 자신의 마음 속에 있는 얘기를 털어놓을 수 있는 사람은 행복하다.

자신의 부모에게 진실한 우정을 느껴도 행동으로 나타내기란 쉬운 일이 아니다. 자녀가 자신의 부모와 친구 같은 관계가 되는 예는 극히 드문 일이다. 만일 부모가 손을 내밀어도 젊은 사람 쪽에서 그것을 기쁘게 받아들이는 방법을 모르기 때문에 더욱 어렵다.

모든 점에서 아이의 참된 친구가 되는 교육을 부모 자신이 받고 있으면 젊은이는 어렸을 때부터 부모의 우정을 느낄 수 있다. 그러한 행복에 친숙해져 있는 젊은이는 자신이 부모가 되었을 때 스스로의 아이를 위해 바람직한 친구관계를 맺을 수 있다. 가정 안에서 이런 인간관계가 이어져 간다면 참으로 바람직한 일이다.

그와 같은 가정에서는 부모뿐만이 아니라 형제자매도 친구와 같은 관계를 유지할 수 있다. 참된 우정을 갖고 대해주는 형제자매는 마치 자신의 행복과 이익을 대하듯이 가족 한 사람 한 사람에게 마음을 쓰며, 각각의 성장향상을 소원한다.

건강한 생활의 근원이 되는 가족들에게서 이런 화목함이 생겨난다면, 그것이 그리고 점차 확산되어 간다면 인류전체가 아름답게 고양되어 가는 기쁨을 맛볼 것이다.

자신을 드러내는 용기를 갖는다

　다른 사람을 보살피거나 우정을 구하기는커녕 가능한 한 사람을 이용하려고 해서 자신의 품성을 떨어뜨리는 경우가 많다. 자신의 집안 이외의 사람은 누구나 이용해도 좋다고 생각한다. 물론 그런 일이 절대로 있어서는 안 된다. 모든 사람은 참된 우정의 지고한 가치를 판별하지 않으면 안 된다.

　참된 우정의 본질과 가치를 주위 사람들에게 알리기 위해 전심전력을 다해 노력해야만 한다. 50세, 60세라는 나이가 되면, 아니 기껏 십 년이 지난 후에도 자칫하면 우정이란 이름뿐인 단어가 될지도 모른다. 젊은이가 나이든 사람보다 순수하다, 또는 보다 도덕적이라고 말할 수는 없다. 단 젊었을 때가 사물을 느끼기에 더 적합하고 경직된 사고보다는 융통성을 발휘하기 쉽다는 이야기이다.

인생이라는 항로를 지나가면서 아무런 상처 없이 지내온 사람은 거의 없다. 대부분의 사람은 나쁜 습관이 몸에 배어 있고 그것도 한 두 가지가 아니다. 그 중에는 별다르게 흉이 되지 않는 습관도 있다.

그러나 어떻든 그것은 자신에게 상처가 된다. 어떤 것은 결점이라든가 단점이라고 불리고, 심지어 어떤 것은 죄라고까지 칭해질지도 모른다. 그것이 무엇이든 가능한 한 빨리 없애는 것이 자신을 위해서 좋고, 또 당연히 그래야만 한다.

이 중요한 일을 완수하기 위해 도와주는 것이야말로 친구의 커다란 역할이다. 아내와 남편과의 사이도 참된 친구와 같은 관계가 되지 않으면 안 된다. 부모와 형제자매 사이에서는 말할 필요도 없다. 만일 이런 참된 친구관계가 없다면 세상은 황량해질 대로 황량해져 버린다.

68	노력은 자신의 나쁜 환경도 좋은 환경으로바꿀 수 있다
69	자신이 해야할 일은 아무리 힘들어도 스스로 한다
70	성공하려면 먼저 사람을 잘 쓸 줄 알아야 한다
71	사람의 내면, 즉 또 다른 얼굴을 간파해야 한다
72	자기 주위를 돌아보며 주위의 평가를 고려해야 한다
73	무슨 일을 하든 생각하면서 하는 습관을 갖는다
74	의식의 망을 펼쳐서 얻을 수 있는 한 모두를 가진다
75	소문이라는 정보 네트워크를 이용한다
76	자신을 너무 과장하지 않으며, 뽐내지 않는다
77	언제 어디서든, 누구를 만나든 배움의 자세를 갖는다
78	늦었다고 생각하기 전에 지금 도전한다

Part 8

행복한 성공을 위한 자기관리

68 노력은 자신의 나쁜 환경도 좋은 환경으로 바꿀 수 있다

성공하려면 자신의 일에 대해 한결같이 노력해야만 한다. 앞서 살다간 성공한 이들 중 아주 안 좋은 환경에서 자라났음에도 불구하고 끝없는 노력과 검소한 절약정신으로 자기 환경을 극복하고 가업을 일으켜 행복하고 성공적인 삶을 살았던 이들이 많다.

상업에 종사하는 사람은 처음에 상점을 열고 개점 휴업처럼 장사가 안될 수도 있다. 하지만 여러 가지 방법의 개선, 노력 여하에 따라, 그리고 끊임없이 일에 정성을 다하고 노력한다면 몇 년 후에는 상당히 성공적으로 자리 잡을 수도 있음을 믿어야 한다.

하지만 성공의 기회를 눈앞에 두고도 그 일을 착실히 수행해 나갈 자세가 갖추어지지 않아, 오랜 세월을 초라하게 보내는 사람도 있다. 또한 가난에서 벗어나려는 생각조차 하지 않는 사람도 있다. 항상 성실하게 일을 하기만 한다면 자신이 어떠한 곳에 있을 지라도 생계를 이어가기 힘들 정도로 살아가기 힘든 일은 없다. 어떤 일이든 끈기 있게 정성을 다하고 노력을 기울이면 반드시 행운은 찾아온다는 신념이 있어야 한다.

우연한 행운으로 부를 얻는 일은 극히 드물다. 그런 요행을 믿고 부를 얻으려 생각한다면 언제 발견될지도 모르는 보물을 누워서 기다리는 것과 마찬가지이다. 얼마간의 수입 없이는 현재의 생활을 유지할 수 없다. 노력하지 않으면 현재의 삶보다도 점점 나빠져 간다. 생활비를 쓰면 쓴 만큼의 수입이 필요하고, 우리는 그 수입을 벌기 위해 노력하지 않으면 생활은 비천해 지고 마는 것이다. 수입이 없다면 돈은 곧 바닥을 드러내게 된다는 것은 자명한 일이다. 그렇게 되면 미처 가난과 싸울 힘이 붙지 않은 젊은 나이에 생활고를 짊어지게 된다.

우리에게 하찮다거나 중요하지 않은 일이란 아무 것도 없다. 바꾸어 말하면 우리에게 주어지는 모든 일은 참으로 중요한 일이다. 보잘것없다고 생각되는 일에 관심을 기울인 이들이 세계적인 발명가가 되고, 위대한 철학가가 되고, 엄청난 부자가 되었던 사례는 얼마든지 있다. 대체로 어떤 일이 겉보기에, 또는 생각하기에 좋지 않다는 이유로 망설이다가 정작 필요할 때에는 너무 늦어 도저히 일을 할 수 없는 경우도 있다.

예를 들어 바늘을 만드는 일은 대단한 일이 아니라고 생각해서,

그 일에 종사하는 사람을 하찮다고 말해선 안 된다. 바늘은 보기에 작고 초라해 보여도 일상의 생활에 없어서는 안 될 필수품이며 많은 사람들이 항상 그것을 사용해야만 한다. 사람에게 도움이 되는 일이라면 그것이 무엇이건 존중해야 할 가치가 있으며, 긍지를 가지고 그 일에 종사해야 한다.

우리들 한 사람 한 사람이 사회의 일원으로서 얼마만큼의 가치가 있는가 하는 것은 자신과 주위 사람의 행복을 위해 어떤 일을 했는가에 의해 결정된다. 우리는 인생의 즐거움을 위해, 그리고 정신적 향상을 도모하기 위해 주어지는 매 시간을 바르게 써야 한다.

69 자신이 해야할 일은 아무리 힘들어도 스스로 한다

"**일**"을 성사시키고 싶으면 스스로 직접 하라. 성사시킬 마음이 없다면 남에게 주어라." 이것은 옛 격언이지만 오래 구전되어 온 만큼 특별한 경우가 아닌 한 결코 중대한 일을 남에게 맡기는 어리석음을 범하지 말아야 한다.

1. 자신의 이익은 누구보다도 자기 자신이 가장 잘 알고 있기 때문이다.
2. 일을 맡기고자 하는 인물의 성격을 파악하기가 어렵기 때문이다. 자기 자신의 성격조차 제대로 알고 있지 못한데, 타인의 마음을 알기란 어려운 일이다. 상대방이 나쁜 짓을 하거나 사회적 신용을 잃는 행동을 할 가능성이 있다. 자기 자신조차 믿을 수 없는데 타인을 신용하기란 그렇게 쉬운 일이 아니다.
3. 대리인을 고용해도 그 일을 가장 잘 알고 있는 사람은 자기 자신이기 때문이다.
4. 상황에 따라 방법을 바꿈으로서 일을 최선으로 만들어야 하는데 고용된 사람은 그 같은 재량권이 자신에게 없다고 생각하기 때문이다. 고용된 사람은 고용주의 이익은 뒷전으로 생각한다. 그들이 생각하는 것은 자기 자신의 이해관계이지 고용주에 대한 충성심이 아니다. 그러므로 그들이 고용주의 이익을 위해 열심히 일하리라는 생각은 않는 게 좋다.

70 성공하려면 먼저 사람을 잘 쓸 줄 알아야 한다

　자신의 목적을 이룩하는데 있어 상대의 도움이 필요하다면 상대의 기질, 사정, 사고방식 등에 따라 접근해 가야 한다. 그를 위해서는 타인의 성격을 알아두는 것이 절대 필요하다. 자신은 남의 성격에 대해 잘 알고 있다고 생각한다. 그렇기 때문에 실제로 이것만큼 알려지지 않은 분야도 드물다.

　희생을 요구하는 일을 함에 있어 너무 인색한 사람은 적당한 인물이 아니다. 그러나 그가 절제 있는 인물이라면 상업상의 훌륭한 파트너, 혹은 재산 분쟁의 좋은 중재자는 될 수 있다. 그런 사람은 인내심이 강해 꼼꼼하게 해야 될 일에 어울린다. 대범한 성격의 사람이라면 그런 작은 일은 무시해 버릴 위험이 있다.

　성격이 급한 사람은 별로 대단치 않은 모욕에도 금새 화를 내며 분노한다. 그러나 또한 금새 그것을 잊어버리고 화해도 쉽게 한다.

그 때문에 복수의 기회를 몇 년이나 기다리는 내성적인 사람과 비교하면 성격이 급한 사람은 화를 낸다해도 그다지 위험한 상대는 아니다. 냉정하고 대범한 성격에 나이가 지긋한 사람은 상담 상대로서 최고이다.

반대로 일을 재빠르게 처리하기 위해서는 젊고 열정적인 인물이 필요하다. 이렇다 할 특징이 없는 인물은 반드시 그 이전 근무처의 특색에 물들어 있다. 따라서 그런 사람의 조언과 조력은 아무 쓸모가 없게 마련이다.

욕심이 지나치게 많은 사람에게서 훌륭한 점을 찾아내기란 무척이나 어려운 일이다. 탐욕스럽게 행동하는 사람은 대체로 비열하다. 또한 재산을 모으기에 능숙한 사람은 그 이외의 일은 아무것도 못한다. 무일푼으로 시작해 재산을 모은 인물은 그 돈을 모으는 일에 바빠서 정신적 향상을 생각할 여유를 갖지 못했으며, 재산이외의 일에 관심을 가질 시간이 없었던 것이다.

자만심이 있는 사람은 늘 경계할 필요가 있다. 그에게 비밀을 털어놓으면 그는 분명 비밀을 누군가에게 누설해 버릴 것이다. 또한 너무 점잖을 빼는 사람은 일을 맡기기에 부적당하다. 또한 너무 말이 많은 사람은 부주의한 말로 타인에게 폐를 끼친다.

사람의 내면, 즉 또 다른 얼굴을 간파해야 한다

그 사람의 행동을 지배하는 동기가 무엇인지를 안다면, 상대의 성격을 파악할 수 있다. 상대가 뛰어난 사람이거나 바보가 아닌 한 어떤 경우에 어떤 행동으로 나올 것인지를 예측할 수 있다. 그러므로 능력 있는 사람과 무능력한 사람 모두 예측불허의 행동을 취하기 때문에 주의할 필요가 있다. 각기 다른 성격에도 상호 관계가 있으므로 연구해 두면 많은 도움이 될 것이다.

예를 들면 일반적으로 경솔하고 성격이 급한 사람은 솔직하고 순진한 면을 함께 갖고 있다. 또 약자를 괴롭히는 사람은 대체로 겁쟁이이다. 그러므로 그런 사람을 대할 경우에는 대담한 태도로 단호하게 처신하는 것이 최선의 방법이다. 조금이라도 복종하는 듯한 모습을 보이면 상대는 그것을 기회로 삼아 당신을 괴롭힐지도 모른다.

> **경계해야 할 유형의 사람들**
> 1   도량이 좁은 비열한 사람, 그는 자기 자신의 일밖에 생각지 않는다.
> 2   게으른 사람, 그는 항상 꾀를 부려 일하려 하지 않고 남에게 은혜를 베풀지 않는다.
> 3   지나치게 바쁜 사람, 다른 사람의 일을 생각해 줄 시간이 없다.
> 4   돈이 지나치게 많은 사람, 남의 도움이 필요할 때도 사람을 얕본다.
> 5   가난하고 운이 없는 사람, 그런 이는 종종 재능이 결여되어 있다.
> 6   무조건 좋은 사람, 타인에게 좋은 영향을 주지 못한다.

물론 앞의 여섯 가지 유형에도 많은 예외가 있다. 예를 들어 바쁜 사람에게는 위에서 말한 부정적인 측면이 아닌 또 하나의 긍정적인 측면이 함께 있다. 좋은 일들을 위해 바쁜 사람일 경우, 이런 사람은 자신의 일이 바쁨에도 불구하고 남을 위해 시간을 쪼개가며 이런저런 여러 가지 사소한 선행을 베푼다. 개인에게 시간적 금전적 도움이 요청될 때 가장 큰 도움을 베푸는 쪽은 의외로 가장 바쁜 사람, 그래서 당연히 가장 적은 도움밖에 기대하지 않았던 그런 인물일 경우가 많다.

재산가에도 또 다른 유형이 있다. 막대한 재산을 가지고 있으면서도 명예와 이익을 쫓지 않는 부류이다. 경계해야 될 사람 중에 포함된 돈이 지나치게 많은 이는 오직 돈만을 추구하는 인간이다. 즉 한번 손에 넣은 것은 일체 내놓지 않으려는 욕심 많은 인간이다. 그러나 돈이 많은 사람들 중에는 그 재산을 남을 위해 쓰는 사람도 얼마든 있다.

72 자기 주위를 돌아보며 주위의 평가를 고려해야 한다

젊은이들이 "남이 어떻게 생각하든 상관없다"라고 말하는 것을 종종 듣는다. 그러나 이것은 대단히 위험한 생각이다. 자신이 남들에게 어떻게 평가되고 있는가에 무신경한 것은 그의 성격이 좋아서이거나 관대하기 때문이 아니다. 남의 평가에 합당한 경의를 표하는 것과 그것을 제일의 행동 기준으로 삼는 것과는 전혀 별개이다.

남의 의견에 의해 자신의 행복이 좌우되는 것만큼 어리석은 일은 없을 것이다. 인간본연의 성격을 알기란 어려운 일이다. 편견에 의해 좋은 쪽으로든 나쁜 쪽으로든 오해가 생기게 마련이다. 따라서 스스로 양심에 가책을 받을 행동을 한 경우 남이 괜찮다고 인정해 주어도 자신에게 그다지 위로가 되지 않는다. 또한 올바른 목적을 갖고 옳게 행동했다고 자신하는 경우 비록 세상사람들로부터 비난을 받아도 당사자는 거의 동요되지 않는다.

사람의 마음은 분위기에 따라 변하기 때문에 지금 좋았던 것이 나중에는 싫어질 수도 있다.. 그러나 언제 어디서 어떤 상황이든 모두에게 이익이 되는 일을 하겠다는 사람이라면 일자리가 없어 곤란에 처하는 일은 없을 것이다.

현명한 사람은 남에게 비판을 받으면서 먼저 그것이 타당한가 타당하지 않은가를 생각해 본다. 타당하다면 친한 친구에게 결점을 충고 받았을 때처럼 유쾌히 그 결점을 개선한다. 말로만 친구는 상대에게 절대로 중대한 결점을 가르쳐주지 않는다. 그들은 악의와 질투를 가진 채 등뒤에서 욕을 할지도 모른다. 우리는 진정한 친구의 비판을 기뻐하며 타인의 지적을 기쁜 마음으로 받아들여야 한다.

무슨 일을 하든 생각하면서 하는 습관을 갖는다

상대에게서 배울 수 있는 것은 모두 배워두어야 한다. 하지만 자신이 알고 있다고 생각하는 것은 그릇된 정보일 수도 있음으로 지나치게 자신이 알고 있는 것을 다 말해 버리면 오히려 자신뿐 아니라 남에게도 해를 끼칠 수 있음을 주의해야한다.

오해받기 싫어서든 바보로 인식되기 싫어서든 모두가 자신의 생각을 표현하지 않고 숨겨 두려 한다면 어떻게 될까. 대화의 즐거움은 찾을 수 없을 것이다. 대화의 즐거움은 인간 생활에 대단히 큰 기쁨임에도 말수가 적은 것이 오히려 지혜롭게 인식되기도 한다. 하지만 아무런 말도 하지 않는 사람은 그만큼 생각을 하지 않기 때문일 수도 있다. 어느 의사는 "책에서 얻은 것이든 스스로가 생각해낸 것이든 실상은 머리 속에서 팽창 작용을 일으킨다. 그것은 펜이나 혹은 혀를 통해 밖으로 표현함으로써 해소해 주는 수밖에 없다."라고 말하고 있다.

　사물을 보고 있으면서도 마음의 눈을 닫아둔 사람은 많다. 그런 사람이 노년이 되어 자신의 경험과 학식을 주장한들 인정해 줄 사람은 아무도 없다. 무언가를 배울 생각으로 신중하게 사물을 보는 사람은 관찰하지 않는 사람이 10년 간 배우는 것보다 훨씬 많은 것을 1년 만에 경험으로 배울 수가 있다. 만일 30세의 젊은이가 90세의 노인보다 현명한 경우가 있다면, 그것은 그 젊은이는 세심하게 사물을 관찰해서 일찍 마음의 눈을 떴기 때문일 것이다.

74 의식의 망을 펼쳐서 얻을 수 있는 한 모두를 가진다

건전하고 실용적인 지혜를 빨리 몸에 익히기 위해서는 경험을 많이 쌓는 수밖에 없다. 세상살이에 당연히 지혜가 있을 것처럼 생각되는 고령이면서도 사물의 이치를 모르는 사람이 많다. 그런 사람들의 전철을 밟지 않기 위해서는 주변의 사물을 잘 관찰해야 한다. 항상 눈을 크게 뜨고 있지 않으면 안 된다.

학력이 높은 사람들 중 사회생활에 있어서 전혀 무지인 사람이 가끔 있다. 그 이유는 무엇인가. 그것은 그 사람의 눈이 책이나 학교로만 향해져 있어서 그 외의 것에는 전혀 눈을 돌려본 적이 없기 때문이다. 사회생활의 눈을 꼭꼭 감고 지냈기 때문이다.

어느 대학 교수 중 한 명은 서적상의 학문에도 실사회의 사정에도 대단히 밝았다. 그는 산책을 할 때면 주위의 모든 것, 작은 풀잎 하나에까지도 눈길을 주었다. "선생님께 발견되지 않고 하늘을 날

아 오르는 새는 한 마리도 없다."라고 학생들이 평할 정도였다. 교수는 학생들에게 관찰하는 습관을 길러주려고 했다.

어느 날 학생과 함께 차를 타고 가던 교수는 학생이 주위의 광경에 무관심하자 단호한 어조로 이렇게 말했다.

"자네, 눈을 크게 뜨게나."

이 가르침은 학생에게 깊은 감명을 주었다. 그는 학급에서는 결코 뛰어난 학생이 아니었지만, 교수의 가르침을 마음에 새겨두고 행동한 결과 실생활에 있어서는 그 누구에게도 뒤지지 않는 뛰어난 능력을 얻게 되었다. "내가 성공할 수 있었던 주된 원인은 눈을 크게 뜨라는 스승님의 가르침 덕택이다." 그는 지금까지도 이렇게 말하고 있다. 교수의 가르침이 헛되지 않았던 것이다.

닫혀진 지식은 쓸모가 없다. 눈을 크게 뜨라고 해서 모든 사물에 대해 획일적으로 융통성 없이 그것을 실행한다면 금새 싫증이 날 뿐만 아니라 본래의 목적에도 위배되는 일이다. 다수의 사물에 눈을 돌리는 것만으로 끝나지 말고 본 것이 인상에 깊이 남도록 해야 한다. 인상에 남지 않을 바엔 차라리 보지 않는 편이 낫다. 왜냐하면 보긴 보되 스치듯 보는 사물관찰은 오히려 좋지 않은 습관으로 남아 나중에는 '보려해도 보이지 않는' 결과를 가져온다.

물론 생각을 달리하는 사람들도 있다. 뉴잉글랜드 지방에 살고 있는 외과의사는 여행 중 독서를 하는 것으로 유명하다. 그를 존경하는 어떤 이는 말하기를 그가 차를 타고 있을 때 반드시 책을 읽으며, 읽지 않는 경우 반드시 옆자리에 책이 놓여져 있다고 자랑스러워한다. 그렇지 않은 모습은 본 적이 없다고 으쓱해한다.

그러나 그런 평판은 오래 지속되지 않는 게 보통이다. 물론 차안에서조차 책을 보지 않으면 안 될 급박한 경우도 있겠지만 이는 극히 드물다. 우리는 여행 중 독서를 통해 얻는 감동보다는 차창 밖에서 얻을 수 있는 감동이 훨씬 크다는 사실에 주목해야 한다.

자연이라는 책으로부터 배우는 교훈이 때로는 자신에게 훨씬 많은 도움을 준다. 고대 로마의 저술가 프리니우스 부자는 두 사람 모두 광대한 지식 덕분에 대단히 존경을 받고 있었다. 부친은 여행지에까지 작은 책상과 책을 반드시 가지고 다녔으며 아들은 수레를 탈 때도 걸을 때도 앉아 있을 때도 항상 독서를 하였다.

그러나 그렇다고 그들이 충분히 존경받을 수 있을까. 물론 두 사람 모두 광대한 지식이 있었다. 그러나 그런 책이나 책상은 집에 놓아두어야 한다. 밖에서는 주위의 사물에 눈을 돌려 경험으로 지혜를 얻는 것이 필요하다. 이 부자에 대해서는 또 하나의 이야기가 전해지고 있다. 그는 식사 중에도 다른 사람에게 책을 읽도록 시켜 자신은 식사를 하며 그것을 들었다고 한다.

75 소문이라는 정보 네트워크를 이용한다

꿀벌은 꿀이 있다면 그것이 어떤 꽃이든 꿀을 빨아들이는 방법을 알고 있다. 또한 인간은 자신이 갖고 있는 생각과 처한 경우가 어떠하든 남과 대화를 함으로써 정신적인 성장을 할 수 있다. 꿀벌이 모든 꽃에서 꿀을 섭취할 수 있는 능력을 가지고 있듯이 우리도 이야기 상대로부터 좋은 것은 흡수하고 나쁜 것은 받아들이지 않는 능력이 있다면 참 좋은 일일 것이다.

잘 알고 있으면 확실히 도움이 되는 것의 하나로 대화의 법칙이 있다. 이 법칙을 잘 지키면 주위 사람들과의 대화에서 아무리 평범한 화제일지라도 가치 있는 많은 지식을 끌어낼 수 있다. 또한 단계적으로 다른 화제를 끄집어내는 직접적인 방법과 인내 있게 상대의 마음을 성장시키는 간접적인 방법으로 화제를 바꿀 수 있게 된다.

누구나 다른 사람보다 뛰어난 것이 분명히 있다. 아무리 배움이 없는 사람이라도 뭔가 하나쯤은 다른 사람보다 더 많이 알고 있는 분야야 있게 마련이다. 어떤 사람은 농업에 대해서 다른 사람보다 두 배나 많은 지식을 갖추고 있을 것이다. 어떤 사람은 원예에 대해서, 어떤 사람은 기계나 공업에 대해서 또 어떤 사람은 수학에 대해서 다른 사람보다 많은 지식이 있을 것이다.

그러므로 사람들과 말할 때에는 상대가 어떤 일에 뛰어난가를 반드시 알아내서 그것을 화제로 삼는 것이 좋다. 그것은 그다지 어려운 일이 아니다. 자신이 대화의 주도권을 잡으려 하지 않은 채 상대의 이야기에 귀를 기울여 준다면 누구나 가장 자신 있는 일에 대해 스스로 말하려 할 것이다.

사람들은 대부분 모임에서 자신이 주역이 되길 원한다. 그러므로 동석한 사람들의 말을 경청하는 지혜가 필요하다. 그렇게 하면 자신이 만나는 모든 사람들로부터 가치 있는 정보를 간단히 얻을 수 있으며, 그것을 장래에 활용할 수 있다. 이것은 사람을 올가미에 씌워 당황하게 만드는 게 아니다. 대화의 주역으로서 잠시동안 누군가를 인정해 준다고 해서 반드시 그 사람이 모든 면에서 우월하다는 것을 여러 청중이 승인하는 것은 아니다. 그것은 단지 그 사람이 그 장소에 있는 다른 사람들을 위해 도움이 될 수 있도록 도와주는 것이다.

대화에 참가한 사람들 중 자신이 이야기의 주역이 되기는 하지만 누구도 자신의 말을 들으려 하지 않거나, 설령 듣는다 해도 이

해를 못하여 타인에게 도움이 되지 못하는 경우가 종종 일어난다. 그러나 어쩌면 그런 때에도 말하는 사람에게서 무언가를 끌어내려고 하는 사람이 있을지 모른다.

  남의 말을 중도에서 끊지 말고 상대의 말을 끝까지 들어야 한다. 그래야만 상대를 보다 잘 이해하고 좋은 대답을 해줄 수 있게 된다. 기회를 만들어 준다면, 상대는 우리가 아직 들어본 적이 없는 말을 해주거나 잘 몰랐던 사실을 알려주고 더욱이 전혀 기대하지 않았던 말까지 들을 수 있다.

76 자신을 너무 과장하지 않으며, 뽐내지 않는다

말을 해도 거의 얻을 것이 없는 상대가 때로는 있다. 상스러운 말, 외설적인 언어를 많이 사용하는 사람이다. 그런 상대로부터 무언가 도움이 될만한 것을 얻기는 힘들며, 상스러운 말을 참고 들어야 한다. 그것뿐 아니라 그런 사람과 어울리면 자신의 평판도 나빠질 위험이 있다.

"사람은 그가 사귀는 친구를 보면 알 수 있다."라는 말이 있다. 상스러운 말투나 몸가짐이 나쁜 사람과의 교제는 조심해야 한다. 마찬가지로 거짓말쟁이와는 사귀지 않아야 한다. 또한 남 앞에서 말을 할 경우에 다른 사람보다 나중에 말하는 것이 좋으며 현명한 태도이다. 그렇게 하면 할 말의 요점을 미리 생각해 둘 수 있어서 자신의 말을 상대방에게 기분 좋게 전할 수 있다.

"두 번 생각하고 말하라." 이는 격언처럼 자신이 하고 싶은 말은 될 수 있는 한 아껴 신중히 말하는 것이 바람직한 일이다. 특히 모르는 사람이나 자신보다 경험이 훨씬 풍부한 사람 앞에서는 더욱 그렇게 하는 것이 좋다. 그리고 제일 중요한 법칙은 엄밀하게 사실만을 말하는 것이다.

  감정에 휘말려 화를 내거나 도를 넘지 말 것, 또 뽐내지 않는 것도 법칙의 하나이다. 비록 정당한 주장과 합당한 이론이 자신에게 있더라도 상대에게 의기양양한 태도를 보여서는 안 된다. 그런 행동은 자신에게 아무런 이익이 되지 않는다. 뿐만 아니라 그것은 또한 상대방에게 잘못된 생각을 심어주고 그렇지 않으면 상대에게 이유 없이 배척 당하는 결과를 가져온다.

언제 어디서든, 누구를 만나든 배움의 자세를 갖는다

일반적으로 인격형성의 수단으로서 지나치게 독서에 의존하는 것도 바람직한 일은 아니다. 또한 책이나 교재를 선택하는 쪽은 젊은 청소년들보다 부모나 교사의 권한일 경우가 많다. 정신적 성숙을 위해 젊은이들에게 좋은 책을 선정해 주는 일이 책을 통한 인격형성에 도움이 될 것이다. 하지만 책을 많이 읽는 것보다 더 중요한 것이 있다. 누구든지 세상에서 쓸모 있는 인간이 되기 위해 정신적, 육체적으로 좋은 습관을 기르는 것이다.

책 같은 것은 보기 싫다는 사람이 있다. 책을 싫어하는 취향은 다소 시간이 걸리긴 하지만 꾸준한 노력이나 숙제로 고칠 수 있다. 하지만 성격에 맞지 않는 것을 억지로 하면 좋은 결과를 기대하기 어렵다. 그것보다 훨씬 효과적인 방법이 있다. 책 읽기를 싫어하는 사람을 교양강좌나 토론회에 참가시키는 것이다. 대개의 청년은 교양강좌에 참석하기를 좋아한다. 단 한 마디라도 토론의 장에서 발언해 보면 좋다. 뭔가 흥미를 갖기 시작하면 필연적으로 그것에 대한 지식이 요구된다. 뭔가에 흥미를 가진 사람은 남의 말을 듣는 것뿐만 아니라 더 나아가 신문이라도 읽어서 정보를 얻으려 한다.

그리고 점차 여행에 대한 책에 눈을 돌리게 된다. 이윽고 역사에 대한 책도 즐겨 읽는다. 이런 식으로 조금씩 관심을 넓혀간다면 마침내 여러 가지 종류의 책에 흥미를 느끼게 된다. 한 가지 주의해야 할 점은 단번에 장시간 그리고 많이 읽지 말아야 한다. 책이나 신문 등을 읽다가 싫증이 날 것 같으면 한동안 읽기를 중단한다. 그러면 다음에 읽을 때에도 즐겁게 읽을 수 있다. 중요한 것은 이 방법의 효과를 확실히 믿는 마음가짐이다. 당연한 말이지만 어떤 일이든 기쁘게 시작하고 끊임없이 노력하지 않으면 성공을 바라기 어렵다.

78 늦었다고 생각하기 전에 지금 도전한다

   지적향상의 중요함을 의심하는 사람은 드물다. 그럼에도 불구하고 지적향상을 가로막는 장애물이 있다. 이것은 이미 사회의 기성 세대들의 머릿속에 오랫동안 배양되어 왔기 때문에 그것을 떨쳐버리기 위해서는 노력이 필요하다.

  그 장애물은 지적향상이 어느 연령에서 멈춰버린 듯하고, 그 이후에는 아주 미세하게 성장하는 상식이다. 일반적으로 그 한계를 18세 또는 20세로 본다. 30세가 넘으면 이미 늦었다는 말을 한다. 보통 20세가 넘으면 그다지 새로운 능력 개발을 바라지 않는다. 만약 20세가 넘어 뭔가 배우려 한다면 적지 않은 노력과 공부를 해야만 가능하다는 생각이 일반상식이 되었다.

  청년시절을 가볍게 여겨 헛되이 보내는 것은 바람직하지 않다. 청년시절은 황금과 같아서 일초 일초를 유용하게 보낸다면 농부가 적절한 계절에 좋은 종자를 뿌린 것같이 좋은 결실을 맺을 수 있다.

일반적으로 의무교육이라 불리는 것은 실제로 자기교육을 하기 위한 준비과정에 지나지 않는다. 즉 지식의 첫 페이지를 여는 열쇠이다. 보물상자의 열쇠를 쥐고도 그것을 열어보지 않는 사람이 있을까. 쇠를 쥐고도 그것을 열어보지 않는 사람이 있을까. 이제야 자기교육을 시작할 때인데 우리는 교육이 끝났다고 생각하는 경향이 있다.

20세이든 25세이든 30세이든 상관없다. 자신이 사물에 대한 지식이 부족하다고 느끼면 그 책임이 어디에 있든 배워야 한다. 나이가 장애물이 된다는 식의 생각은 버려야 한다. "로마는 하루아침에 이루어지지 않았다." 라는 말처럼 꾸준한 노력이 있어야만 한다.

현대적 지식을 몇 주일 또는 몇 개월 동안에 습득하려 한다면 그 사람은 아직 자신이 얼마나 무지한지를 모르고 있는 것이다. 나이가 든 후 공부를 시작해 독학으로 훌륭한 인물이 된 사람은 아주 많다. 40대에 공부를 시작해 눈부신 성공을 거둔 사람도 있다. 지능은 사실 나이가 들어도 노력을 계속하면 꾸준히 성장해 간다. 너무 나이가 들어 얻은 지식은 쉽게 잊어버린다고도 한다. 그 지식이 지금 당장 쓸모가 없는 것이라면 쉽게 잊어버릴지도 모른다. 그러나 실용적인 지식은 반드시 기억된다.

프랭클린은 일생을 공부로 일관했다. 그리고 외운 것은 좀처럼 잊지 않았다. 그것은 실제적인 지식이 필요했기 때문이다. 지식의 필요성을 인식하는 것은 중요하다. 그리고 더 나아가 자신의 무지를 깨닫는 것은 아주 중요하다. 자신이 정신적으로 병들어 있음을 자각하면 그 병은 이미 절반 정도 치유된 셈이다. 자신의 무지를 깨달으면 지식에 한 걸음 접근할 수 있다. 그리고 다른 조건이 비슷할 때, 지식습득의 시간차는 공부의 필요성에 의해 좌우된다.

79	스스로 이용할 수 있는 시간을 만든다
80	악조건을 호조건으로 바꾸는 강한 의지를 가져라
81	일의 배경에서부터 지식을 넓혀가라
82	실전에서 사용할 수 있는 적 문장 수업을 하라
83	자신의 가치를 과대 평가해서는 안 된다
84	자신의 진정한 가치는 지금의 자리에서 벗어날 때 알게된다

Part 9

행복한 성공을 위한 교양훈련

스스로 이용할 수 있는 시간을 만든다

 게으른 사람들이 흔히 말하는 가장 어리석은 핑계는 공부할 시간이 없다는 것이다. 많은 사람들은 자신의 무지를 느끼고 있으며, 그에 상응하는 지적욕구를 가지고 있다. 그러나 유감스럽게도 그들은 독서를 하는 것은 고사하고 심지어 어떤 일에 대해 생각할 시간조차 없다고 믿는다. 그리고 이 핑계에 스스로 안주한 채 죽을 때까지 나태와 무지 더 나아가 악덕에 희생되어 간다. 각자가 조금만 더 많은 지식을 쌓는다면 이런 악덕에 빠지는 일은 없을 것이다. 자신이 무엇을 해야 하는가에 대해서도 스스로 미리 결정해 두어야 한다.

 영국의 왕 알프레드는 신하들보다 많은 일을 소화해 내면서도 항상 많은 공부시간을 만들었다. 프랭클린은 가장 바쁘게 일할 때에도 시간을 내서 철학에 몰두했으며 과학세계를 탐구했다. 프레드릭 대왕은 제국을 지배하면서 전쟁 중 그것도 가장 치열한 전투를 눈앞에 두고 시간을 만들어 철학의 매력과 기쁨을 맛보았다.

나폴레옹은 제국을 자기 뜻대로 하며 왕위를 청원하는 자들을 기다리게 하고, 많은 사람들의 위에 서서 그들의 운명을 자신의 지위로 지배하면서도 꾸준히 책과 대화하는 시간을 가졌다.

시저는 로마인들의 마음을 제압한 후 멀리 있는 왕국으로부터 손님들을 맞이하는 바쁜 나날 속에서도 지적 수양을 쌓기 위한 노력을 잊지 않았다. 매우 바쁜 일의 한가운데에서 지적 수양을 쌓는 훌륭한 예는 이외에도 얼마든지 있다.

악조건을 호조건으로 바꾸는 강한 의지를 가져라

농업과 자유업에 종사하는 사람에 비해 샐러리맨은 많은 여가 시간을 갖지 못한다. 하지만 시간의 많고 적음은 그 어떤 직업상의 문제가 아니라 스스로 마음먹기에 따라 달라진다. 능력 있는 사람과 무능한 사람의 차이는 자기에게 주어진 시간을 어떻게 활용하느냐에 달려있다.

무척 바쁜 일에 종사하는 사람도 마음만 먹는다면 거의 예외 없이 짧은 토막시간을 내서 지적향상을 위해 충당할 수 있다. 시간이 없음에도 지식을 빨리 습득할 수 있었던 사람들은 지적 욕구가 강하고 즐기듯이 공부를 했기 때문이다. 요컨대 책을 읽고 이해한 것은 다음 페이지로 넘기는 순간 다시 한 번 잘 생각했으며, 남들과 말할 때도 책에서 배운 것을 화제로 삼는 방법도 그 하나가 될 수 있을 것이다.

가장 중요한 것은 공부를 하고자 하는 열정을 가슴속에 품는 일, 그리고 주위에 있는 적절한 수단을 이용하는 일이다. 어떤 책을 읽는가가 학문을 향상시키는데 있어서 그다지 중요하지 않다. 책은 확실히 유익하지만 공부를 하고자 하는 결의만 있다면 책이 없어도 공부를 할 수 있다 오래 된 신문, 너덜너덜한 잡지, 자연 속에 놓여있는 비석이나 예술 작품 등은 충분히 서적을 대신할 수 있다.

책을 선택한다 해도 그 폭은 대단히 넓다. 결국 책의 선택은 독자 자신의 취향과 판단 여하에 달려있다. 자신이 선택한 학문에 관심이 있는가 없는가는 공부를 하고 있는 동안에 자연히 알게 된다. 그리고 그렇게 되면 자신이 원하는 책을 스스로 선택할 수 있다. 만약 당신의 지적 수준과 결점을 잘 알고 동시에 책에 대해 일가견

이 있는 친구가 있다면 그 친구의 조언을 들으면 좋다.

우리는 최소한 신문은 읽는다. 신문을 읽을 때 앞으로는 세계 각지의 지도와 정확한 지명, 사전 그리고 지리책을 옆에 두고 읽기를 권한다. 지명이 나오면 그 위치를 지도에서 확인하고 지명 사전의 설명을 찾아보며 특수한 내용은 지리책을 읽어 조사하면 좋다. 누구나 미지의 장소에서 미지의 것을 보는 일은 즐겁다. 지리적 지식이 늘어가면 실제로 여행을 하는 것만큼이나 기분이 좋아진다.

81 일의 배경에서부터 지식을 넓혀가라

여러 가지 사건이 일어난 역사적 배경을 알아두면 좋다. 강연회나 토론회 혹은 신문 등에서 거론된 사항에 대한 호기심으로부터 공부를 시작하면 좋다. 단 이런 공부를 할 때는 한꺼번에 하려 들지 말고 작은 것부터 시작해야 한다. 예를 들어 지리적 사정을 자세히 알려면 역사적 지식은 잠시 뒤로 미루고 지리적 지식만을 확실히 습득하는 게 좋다. 그것이 대충 마무리되면 이번에는 역사만을 중점적으로 공부한다.

혼자서 역사공부를 계속해 가기 위한 공부방법
예를 들어 신문이나 책을 읽고 있는데, 합중국 독립전쟁 당시 버지니아주 요크 타운에 살고 있던 인물의 이야기가 나왔다 하자. 그러면 즉시 역사책을 펼쳐 미국 독립에 대해 조사해 본다. 그리고 어느 정도 이해가 될 때까지 중도에서 포기하지 말고 연구를 한다. 어떠한 인물이 관련되어 언제 무엇이 어떤 순서로 일어났는가 귀찮아하지 말고 조사해야 한다.

  이와 같은 방법으로 공부해 가면 마침내 신문에 쓰여 있는 단순한 사실 이상의 그 전후 사건까지도 알 수 있게 된다. 그런 결과로 지식이 넓어지면 이번에는 프랑스군은 미국의 독립과 어떻게 관련이 있는가 하는 의문이 일고, 과거 40년 간의 프랑스 사를 공부하고 싶어진다. 한편 워싱턴은 어디에서 싸우고 어떤 전공을 세웠을까, 영국과 미국 전쟁의 원인은 무엇이었을까 하는 의문도 생기고, 마침내 많은 현대사의 지식을 얻게 된다.

  하지만 신문은 이러한 방법으로 읽지 않으면 단순한 오락으로 끝나버린다. 젊은이가 자신이 사는 나라의 지리와 역사를 모르는 것은 참으로 부끄러운 일이다. 그럼에도 불구하고 자기 나라에 대해 모르는 사람이 적지 않다. 트집을 잡으려는 생각은 아니지만 내가 보기에 요즘의 거의 모든 아이들은 여러 가지 학문을 폭넓게 공부하고 있음에도 불구하고 자신의 나라에 대해서는 거의 아무것도 모르고 있다.

실전에서 사용할 수 있는 적 문장 수업을 하라

문장력을 기르는 가장 좋은 방법은 나이에 관계없이 편지를 쓰는 것이다. 일찍부터 편지 쓰는 습관을 들이고 끈기 있게 계속해 나가면 마침내는 문장력이 좋아질 뿐만 아니라 문법에도 어긋나지 않는 글을 쓰게 된다.

람 지가 저술한 〈워싱턴 전〉 중에 그 증거가 되는 이야기가 있다. 미국 혁명 전쟁이 일어나기 전에는 자신의 이름조차 제대로 쓰지 못했던 사람들이 그 전쟁동안 하고 싶은 말을 확실하고 알기 쉽게 전달하는 방법을 터득했을 뿐 아니라 문법적으로도 전혀 하자가 없는 편지를 쓸 수 있게 되었다고 한다. 그 이유는 그들이 편지를 많이 쓸 수밖에 없는 상황, 그것도 상대에게 자신의 입장을 분명히 알려야하는 상황 아래에 놓여 있었기 때문이다. 만약 확실하지 않은 단어나 문장이 잘못 해석되면 일군의 파멸로도 이어질 수 있다. 이것이 정확한 문장을 써야한다는 직접적인 동기가 되고 그 때문에 노력을 하여 좋은 문장을 쓸 수 있게 되었다.

그렇다고 좋은 문장을 쓰기 위해서 반드시 이와 같은 커다란 동기가 필요하다는 뜻이 아니다. 문장력을 기르고 싶다는 의지와 그를 위한 끈임 없는 노력만 있으면 충분하다.

비즈니스맨 중에는 사업상 필요해서 좋은 문장을 쓸 수 있게 된 사람이 있다. 문장력을 기르기 위해서는 평소 친구들끼리 편지를 주고받는 것이 가장 좋은 연습이 된다. 서로 상대의 문장을 솔직하게 비평해 주기로 약속하고 그때그때 일어난 일상적, 비 일상적인 사건들을 화제로 편지를 쓰면 좋다.

실전 글 쓰기를 위한 방법
최초의 책은 논픽션을 선택하라
독서를 그다지 좋아하지 않는 사람, 지리에 대한 지식이 없는 사람에게 질 높은 항해기나 여행기는 가장 좋은 독서이다. 다음으로 좋은 책은 훌륭한 전기이다. 전기는 일반적으로 쉽게 흥미를 가질 수 있다는 점이 있다. 또한 전기는 인격을 완성시키는 데에도 한몫을 한다. 특히 어려서 읽은 전기는 성인이 되어서 큰 버팀목이 되기도 한다. 전기는 역사나 지리와 같이 독립된 학문으로 간주하고 그에 상응하는 가치를 인정하도록 한다.

책은 엄선해서 읽어라
소설이라고 하면 먼저 불필요한 이야기라는 인상이 있다. 소설은 그 내용이 현실에 가까우면 가까울수록 재미있고 유익하다. 그러나 아무리 현실을 그대로 그렸다해도 소설은 단지 현실의 현상을 그렸을 뿐이지 현실 그 자체가 되지는 못한다. '사실은 소설보다 진귀하다.' 어떤 경우에서건 현실이 현실을 흉내낸 것보다 낫다. 소설과 견줄 만한 정도로 생생하게 쓰여진 논픽션이 더 높이 평가되어야 한다. 즉 좀더 훌륭한 논픽션이 나타날 때까지 기다려야 한다.

  소설을 읽는 일은 나이와 경험이라는 길잡이가 충분히 몸에 배인 후에 하는 것이 좋다. 이 경우에도 여행기나 전기를 선택할 때와 같이, 아니 그 이상으로 친구의 조언이 필요하다.

매스컴은 잘 선택해서 지식의 보고로 삼아라
그 외의 지적 정신적 향상의 수단으로서 신문과 잡지가 있다. 이것은 발행부수가 많고 가격도 낮기 때문에 누구나 쉽게 구입할 수 있다. 이런 종류의 출판물은 부정적인 측면도 있지만 현대인이 그것으로부터 벗어나기란 쉽지 않다.

  신문 · 잡지가 많은 악영향을 주기는 하지만 대개는 건전한 성격을 가지고 있다. 그것에서 자신에게 도움이 될 무엇을 최대한 끌어내기 위해서는 우리의 지혜가 필요하다. 주변에 흔히 있는 신문과 잡지를 유용하게 읽으면 젊은이의 삶에 활력소가 될 수 도 있다.

  특별히 어느 신문 · 잡지를 읽지 않으면 안 된다는 것은 아니다. 신문, 잡지를 선택할 경우 지침이 될 주의사항을 몇 가지 들어 보겠다.

  우선 창간된 지 얼마 안 되는 신문은 그 편집 방침에 찬성할 수 있다는 확신이 없는 한 그 곳에서 자신이 지침을 구하는 일은 하지 말 것, 인간의 나쁜 점을 상세히 알려주는 기사만을 다루는 신문을 읽지 말 것, 그런 기사는 확실히 한동안은 남에 대한 동정심을 불러일으킨다. 그러나 그러한 기사만을 눈에 접하고 있으면 결과적으로 사람의 괴로움에 대해 무감각, 무신경하게 되어 버린다. 그렇게 되면 나중에는 큰 피해를 당한 사람을 보아도 별다른 느낌을 갖지 못하며 심하면 당연하다는 생각까지 품게 된다.

　신빙성 없는 기사나 쓸모 없는 단편적인 화제, 그리고 비현실적인 난잡한 연애소설만을 싣는 신문은 읽지 말 것, 좋지 않은 매스컴은 공공질서와 미풍양속을 어지럽힌다. 이렇게 말해도 금새 이해하지 못하는 사람이 있을지 모른다. 자신의 주변에 있는 신문·잡지만큼 생활에 크게 영향을 미치는 출판물은 없다.

　우리는 신문이나 잡지에 대해 대부분 의심을 갖지 않는다. 그러나 이런 출판물은 젊은 사람의 정신적, 도덕적인 면에서 상당히 큰 영향을 준다. 그 영향력은 먼저 예를 든 다른 서적들보다 훨씬 큰 것이다.

　이렇게 되면 어떤 신문을 선택해 읽는가가 대단히 중요해진다. 다시 한번 말하건대 적절한 성격을 가진 신문을 고르기 위해서는 유능하고 신뢰할 수 있는 사람의 조언을 듣고 그에 따르길 권한다.

성장의 궤적을 써서 남겨라

편지를 쓰는 것이 좋은 공부가 된다는 것은 앞에서 말했다. 그런데 일기를 쓰는 일도 바르게 실천하면 그에 못지 않게 유익하다. 물론 일기를 쓰는 일이 단지 글자연습에 도움을 주는 데 그치거나 꼼꼼한 정리습관을 심어주는데 그친다면 소용이 없다. 일기를 쓰는 것이 중요한 게 아니라 어떻게 바르게 쓰는가가 중요하다.

자신의 직업, 일에 대해서는 별로 쓸 이야기가 없다고 말하는 사람이 있다. 그러나 그것은 대단히 잘못된 생각이다. 실제로 자신의 일을 해나가는 도중에 흥미로운 사건들이 많으며 그 중에는 실로 귀중한 것도 있다. 게다가 매일의 반복되는 생활 가운데서도 찾아보면 소중한 일상이 분명히 숨어있다. 자신의 생각은 반드시 기록해 두어야 한다.

단순히 사실을 열거하는 게 아니라 그 곳에 자신의 생각을 첨가해 적어두면 좋다. 이는 벌거벗은 나무가 줄기나 가지에 잎을 달고 열매를 맺는 것처럼 우리들 사고의 황폐함을 치유해준다. 시간이 있고 생각이 자유롭게 솟아날 때는 몇 줄로 끝나지 않는 여러 페이지의 긴 일기를 써보면 좋다.

기록한 한 권의 노트를 '아이디어 창고'로 삼아라
세상에 도움을 주는 인간이 되고 싶다면 효과적인 방법이 하나 있다. 그것은 작은 노트와 연필을 주머니에 넣고 다니다가 뭔가 흥미있는 일이 있을 때 될 수 있는 한 빨리 그것을 노트에 메모하는 것이다.

유능한 인물 중에는 이런 방법을 습관으로 삼아 그 덕분에 출세한 사람도 있다. 이 방법을 이용해 책과 신문에서 좋은 글과 필요한 기사를 뽑아 기록해 두어도 좋다.

자신의 가치를 과대 평가해서는 안 된다

자만과 자신을 바르게 평가하는 일은 서로가 별문제임을 잊어버려서는 안 된다. 자신을 바르게 평가하는 일은 우리들의 의무이지만, 자만은 때때로 잘못인 경우가 있다. 세상에서 자신의 사명을 완수하기 위해서는 적어도 상당한 부분까지 자신을 올바르게 평가할 수 있어야 한다. 자신의 가치를 지나치게 높이거나 지나치게 낮추지 않고 사실 그대로 평가하는 일이 중요하다. 자신을 과대 평가할 뿐만 아니라 심지어는 호언장담하는 사람도 있다. 그런 사람들에게 고귀하고 높은 인격을 심어주는 일은 거의 불가능하다.

자신의 가치를 알고자 하는 용기를 잃어버려서는 안 된다. 인간은 육체적으로 전혀 가치가 없다고 한다. 아니 심지어 어떤 이는 완전히 경멸해야 한다고까지 주장한다. 그런 냉소적인 태도에는 찬물을 끼얹어야 한다.

육체는 향상시켜 가면 갈수록 좋다는 게 훨씬 옳은 이야기이다.

물론 여기에서 사람의 뼈와 구조와 근육에 대해서 논하려는 게 아니니다. 자기평가 능력을 몸에 익히는 습관과 정신적인 향상은 매우 가치 있는 일이지만, 육체를 향상시키지 않고 정신만을 향상시키는 것은 거의 불가능하다. 육체적으로 향상하면 할수록 정신적으로도 향상하게 되기 때문이다.

　육체 본래의 가치에 대해서 여기에서는 일반적인 통념보다 강조하였다. 그러나 일반적으로 널리 알려져 있는 육체에 관한 잘못된 통념을 알리고자 하는 의도도 있다. 육체를 실제로 향상시키며 완성시키는 방법이 육체를 불완전하며 쓸모 없게 만드는 것보다 유익한일이다.

　멋지게 만들 수 있는 자기 자신을 알고 스스로를 존중하고 올바로 평가할 수 있는 사람은 육체를 제멋대로 내버려 두어 정신을 약하게 만들지 않는다. 그들은 몸과 마음을 함께 향상시켜 간다. 그런 사람은 무조건 관대한 것이 좋다는 잘못된 사고방식은 갖지 않는다. 또 제멋대로 몸과 마음 모두를 약화시키면 점점 불완전한 사람이 된다는 사실을 기억해야 한다.

84 자신의 진정한 가치는 지금의 자리에서 벗어날 때 알게된다

어려운 난관을 견디려면 젊었을 때부터 곤란과 쓰디쓴 고생을 해 두어야만 한다. "젊었을 때의 고생은 사서도 한다" 라는 말은 천고의 진리이다. 우리가 범한 커다란 과오 중에서도 대표적인 과오는 정말로 자신을 향상시키는 게 아닌데도 자신을 향상시키는 것이라고 믿고 있다거나, 사실은 자신의 가치를 떨어뜨리는 일인데 자신의 가치를 올리는 것이라고 하는 생각이다.

얼마나 최신 유행에 가까운 몸치장을 하느냐에 따라서 자신의 가치가 측정된다고 생각하는 사람이 있다. 범하기 쉬운 과오 중의 하나이다. 그런 기준으로 자신의 가치를 정하는 일은 쓸데없는 자기평가의 방법이다. 의복이 그 사람 자신과 직접적으로 어떤 관계가 있는지에 대해서 깊이 생각해 보아야 한다.

아름다운 차림새로 자신의 가치를 정하는 사람도 많다. 용모와 스타일이 좋다는 외면적인 모습만을 숭배하는 사람은 비단 여성만이 아니다. 용모가 아름답다는 점으로 자신을 평가하는 오류는 범하지 말아야 한다.

대다수의 사람들은 지금도 사회적 지위와 신분으로 자신의 가치를 정하려고 생각한다. 매우 민주적인 사회에서조차도 이것들이 가장 중시된다는 사실은 기묘한 일이다. 인간의 가치를 정하는 것은 마음이다. 직위와 직함이 자신의 가치를 정한다는 생각은 매우 가엾은 위험한 착각이다.

그러나 가장 어리석고 가장 치명적인 과오는 얼마나 재력이 있느냐가 자신의 가치를 결정한다는 생각이다. 지금의 사회에서는 돈을 숭배하는 경향이 매우 짙고, 젊은이들도 점점 성장하여 자신의 조상처럼 돈을 숭배하기로 마음먹는다. 따라서 돈벌이 수완에 따라서 자신의 가치를 측정한다.

인간은 본래 신의 모습과 닮게 창조되어 육체와 지성과 마음이라는 세 가지의 요소를 정밀하게 조화시켜서 만들었다. 그 인간의 가치는 창조주의 의도에 얼마만큼 근접하느냐에 따라서 측정되며 평가되어야 하는 것이 위대한 진리이다.

85 결혼은 새로운 인간관계의 시작이다
86 묘미가 있는 부부관계는 일종의 학교이다
87 결혼은 함께 성장해 가는 소중한 관계이다
88 결혼은 일생을 통한 전인교육의 장이다
89 결혼 상대를 선택하는 지혜를 배워야 한다
90 여성은 상황에 따라 변화할 수 있어야 한다
91 분위기 조성보다 신념을 택하는 것이 좋다
92 가정은 안심과 휴식의 근원이어야 한다
93 가정을 책임질 수 있는 사람은 행복하다
94 삶을 좀 더 진지하게 생각하는 결혼 생활을 하라
95 총명한 여자는 가사도 능숙하다
96 사회적 성공을 이루기 전에 가정을 리드하라
97 지나치게 욕심을 갖지 않는 여성이 되어야 한다
98 목표를 향해 분발하는 상대가 아름답다
99 검소한 습관을 가져야 좋은 부부관계를 이룰 수 있다
100 결혼은 진정한 마음의 휴식공간을 만드는 일이다
101 가정은 우울함이 배인 장소가 되어서는 안 된다
102 가정의 행복을 증가시키는 것이 참된 교양이다

행복한 성공을 위한 가정관리

결혼은 새로운 인간관계의 시작이다

결혼은 매우 중요하여 모두가 깊은 관심을 갖고 있는 인생의 중대사이다. 또한 결혼은 인류의 시작과 함께 해온 제도이며, 비록 그 형식은 변했어도 본질은 그대로 유지해 왔다. 근본적으로 결혼이라는 제도가 없다면 사회를 유지시켜 갈 수가 없다. 결혼이 안고 있는 본래의 목적이 어느 정도 달성되었는가에 의해서 행복도가 결정된다고 말할 수 있다. 결혼과 행복이라는 이 두 가지는 습도계가 습도에 따라 올라가고 내려가는 것처럼 뚜렷한 상관관계를 갖는다. 결혼에 대해 종교적 관심이 높아지는 이유도 그것이 갖는 본래의 목적에 대한 성취도와 상당한 관계가 있다. 또한 결혼이라는 테두리 안에는 인간의 행복에 관계되는 요소가 수없이 내포되어 있다.

인간의 교육에 관하여 생각해 보면 가정만큼 절대적인 영향을 끼치는 학교는 없다고 할 수 있다. 심신의 어느 면을 생각해도 가정이 없이는 완전한 교육이 이루어질 수 없다. 남녀를 불문하고 결혼생활이라는 교육단계를 헤쳐나가면서 비로소 세상의 이치를 깨닫게 되는 것이다.

"미혼이라는 것은 아직 완전한 교육을 받지 않았다는 증거이다."라는 말이 있다. 상당히 공감이 가는 말이다. 지적·신체적인 면에서도 물론 그러하지만 도덕적인 면을 생각해 보면 한층 더 그러하다.

부모나 교사의 역할은 확실히 중요하다. 그러나 남편, 아내, 부모, 그리고 보호자라는 인간관계 속에서 스스로 많은 책임이 부여되는 입장에 설 때, 즉 결혼생활을 통해 얻게 되는 많은 책임과 의무를 몸소 느끼게 될 때 비로소 우리는 인간으로서의 적립된 성격을 확립하게 된다.

결혼이라는 절차에 의해 새로운 인간관계가 시작되는 것은 일정한 연령이 된 후의 일이다. 그 환경은 매우 독특하여 흔히 생각하고 있는 것보다 배우지간에 서로의 성격을 재정립하는데 미치는 영향은 매우 지대하다.

묘미가 있는 부부관계는 일종의 학교이다

어떤 의미에서는 결혼생활은 학교와 같다고 할 수 있다. 요컨대 단기간의 학교가 아닌 평생을 통해 배우는 학교이다. 그 학교는 교사가 매년 교체되고, 그 때마다 학생들이 불편을 느끼는 보통의 학교와는 다르다. 특별한 경우를 제외하고 학생은 물론이거니와 교사도 평생 바뀌지 않는다.

일반적인 학교와 마찬가지로 나쁜 성향의 인물을 길러내는 경우가 생길지도 모른다. 인간을 키우고자 하는 능력을 좋은 방향으로 신장시켜 갈 때 바람직한 결과를 기대할 수 있다. 이러한 의지가 충분하다면 조혼의 장점을 부정할 수 없다. 모든 것을 고려한 후에 선택한 조혼이라면 아주 바람직한 일이 될 수도 있다. 조혼에 반대하는 사람들은 여러 가지 예를 들며, 심지어는 정치·경제학자의 의견까지 인용하여 증거로 삼는다. 하지만 그 어느 것도 조혼의 장점을 무시할 만큼의 설득력은 없다.

조혼을 반대하는 가장 커다란 이유로 흔히들 가족을 부양하기가 어렵다는 점을 든다. 하지만 미혼, 기혼에 관계없이 누구나 스스로 생활하지 않으면 안 된다. 일찍 결혼하면 젊었을 때 아이가 생겨 힘든 점이 많다지만 반드시 그렇지는 않다. 같은 대가족이라도 만혼의 경우에 보다 훌륭히 가족을 부양할 수 있는 것은 아니다. 이는 중요한 문제이다. 젊거나, 젊지 않음에 관계없이 부모가 아이를 확실히 교육시킬 수 있을 만한 경제력이 없다는 것만큼 슬픈 일은 없다.

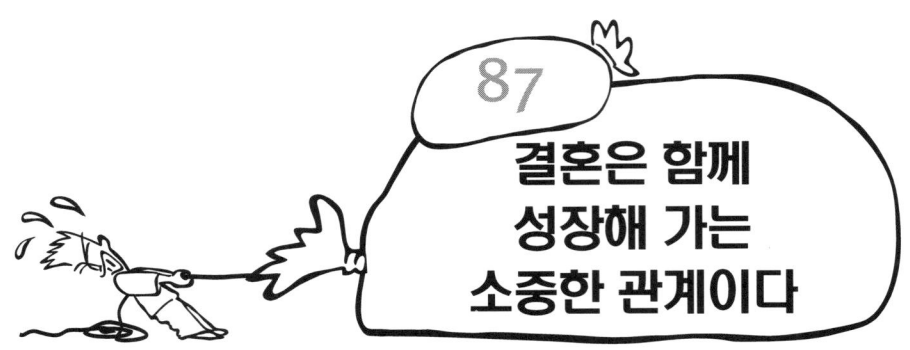

87 결혼은 함께 성장해 가는 소중한 관계이다

젊었을 때부터 한 가정을 떠맡아 간다는 사실 때문에 다소의 불안이 생겨날 수도 있겠지만 그 불안은 만혼의 폐해에 비하면 아주 적다고 할 수 있다. 대부분의 인간은 나이가 들어감에 따라 성질이나 습관이 고정되어 버리기 때문에 유연성을 잃게 된다. 따라서 새롭게 맞이한 상대에게 자신을 맞추기가 어려워진다. 말하자면 서로에게 영향을 주고 함께 배운다는 인간 교육장으로서의 관계가 보잘것없이 되어 버리는 것이다. 젊었을 때는 심신의 건강을 해치는 악습에 물들 위험이 많다. 또한 악습이라고까지 말할 수 없더라도 시간을 헛되이 낭비한다거나 나쁜 유희에 현혹되어 바람직하지 못한 습관이 생기기 쉽다.

　인간이라면 누구나 즐거움을 추구하려 하며, 또한 그렇지 않으면 생의 활기를 잃게 된다. 그러나 몸을 망치는 유해한 유희나 악습으로부터 자신을 지키는 데는 가정생활이 가져다주는 다정한 애정이나 즐거움을 자신의 것으로 만드는 것보다 더 좋은 방법은 없다. 성장해 가는 아이들에게 둘러싸여 살아간다는 것은 매우 큰 만족을 가져다 준다. 자기 아이에 대해 거짓 없는 애정을 품고 있는 사람이라면 항상 즐거움을 느낀다. 또한 그들에게는 불만스럽다는 기분조차 존재하지 않는다.

오랫동안 독신인 채로 있으면 아무래도 마음이 좁아지게 된다. 물론 나이든 독신자 중에 인정 많고 도량이 큰 인물도 있다. 하지만 오랜 독신 생활은 더불어 사는 지혜를 익히기보다는 독선적이며 이기적인 습관을 갖게 될 가능성이 훨씬 높다는 데 문제가 있다. 주변 사람에 대한 냉정하고 어울리지 못하는 성격의 소유자가 훨씬 더 많다는 것이다. 이는 결혼생활 속에서 배워야 할 타인에 대한 헤아림을 배우지 못한 탓이다.

프랭클린은 말하기를 만혼에는 이미 하나의 결점이 있다고 한다. 그것은 자기 아이가 나아가는 것을 끝까지 볼 수 있는 시기가 짧다는 점이다. 뿐만 아니라 같은 조건이라면 조혼의 경우가 경제적으로 유리하다. 일찍 결혼한 사람은 근면·검약의 습관이 강요되어 쓸데없이 시간을 보낸다거나 나쁜 유희에 시간을 낭비할 여유가 없기 때문이다.

88 결혼은 일생을 통한 전인교육의 장이다

결혼에 성공하면 자신 한 사람뿐만이 아니라 두 사람의 인간을, 더 나아가 그 밖의 사람까지도 정신적, 도덕적, 사회적으로 향상시킬 수 있다. 부부라는 관계는 서로가 상대에 대한 교사 역할을 해야 한다. 그것이 싫다고 해서 거절할 수는 없다. 그 한편으로는 학생의 입장에도 놓이게 된다.

사람은 자기가 사랑하고 존경하는 사람과 함께 생활하다 보면 자연스럽게 상대방의 버릇을 흉내내어 점점 그 기질을 닮게 된다. 이러한 경우는 오랜 세월 사이좋은 배우자로 살아온 부부뿐만 아니라, 오랫동안 근무했던 회사의 동료 사이에서도 볼 수 있다. 기질뿐만이 아닌 정신적, 육체적, 도덕적인 면에서도 닮아간다. 결과적으로 부부는 일생동안 서로를 향상시키기도 하고 서로 손해보기도 하면서 살아가는 셈이다.

앞에서도 말했듯이 결혼은 상호교육이 행하여지는 학교에 입학

하는 것과 같다. 그것은 대부분 50년 이상이나 계속되다 독신 시절의 1년과 비교해서 결혼 후의 1년은 인생에 있어서 가장 많은 변화를 초래한다. 그렇기 때문에 결혼이라는 학교에 들어가기 위한 준비작업이 결코 쉽지 않은 것이다. 생애에서 이보다 더 중요한 시기는 없다. 결혼만큼 본질적으로 자신의 행복이 걸려있는 행사는 없기 때문이다.

결혼 상대를 선택하는 지혜를 배워야 한다

중요한 친구라고 해야 할 반려자에게 어떠한 조건이 필요한가에 대해서 언급하기 이전에, 먼저 결혼상대를 선택하는 데 있어 일반적인 원칙이 있다.

1. 완전무결한 사람은 있을 수 없다는 사실을 명심해야 한다. 요즘은 로맨틱한 환경 속에서 자란 청년들이 많으며, 그 수는 점점 늘어나고 있다. 그들은 인생의 반려자로 흔히 접하는 평범한 인간이 아닌 비현실적인 천사 같은 사람을 마음 속에 그리고 있다. 그러나 우리는 마음 속에 그리던 이상형을 언젠가는 무너뜨려야 하며, 그 시기가 적절하게 그리고 정당한 경험으로 인해 선택되어진다면 더욱 바람직하다.

2. 부수적인 문제에 현혹되지 말아야 한다. 물론 부나 아름다움, 지위나 교우관계 등을 고려하는 것은 당연하겠지만 그렇다고 해서 그것이 가장 중요한 문제는 아니다. 전부 부수적인 조건이다. 결혼은 결코 쇼핑이 아니다.

3   무엇보다도 진정한 애정 없이는 결혼을 생각하지도 말라는 것이다. 냉정하게 손익을 따져 애정과 대신한다든지, 집안의 재산이나 그 밖의 좋은 조건과 애정을 바꾸는 어리석음은 절대로 금물이다.

4   확실히 부란 그 자체로도 가치가 높겠지만 결혼의 전제조건은 되지 못한다는 사실이다. 하지만 충분한 경제력이 있는가 없는가는 잘 생각하기 바란다.

5   적당한 연령의 결혼상대를 선택해야 한다. 동일인이라도 나이에 따라 기호, 습관, 감성이 변하기 때문에 그 밖의 조건이 같다면 자신과 그다지 차가 없는 상대와 결혼하는 편이 보다 많은 행복을 소유할 수 있다.

물론 나이 차가 많아도 사이좋은 부부를 가끔 볼 수 있지만 이것은 일반적인 예가 아니다. 그 사람들은 다른 조건에서 행복을 찾은 예이고, 사실 가장 행복해질 수 있는 여건은 나이 차가 거의 없는 부부이다. 나이든 사람이 자신보다 훨씬 젊은 상대와 결혼하면 장수한다는 말은 어느 정도 일리가 있다. 하지만 그와 같은 양만큼 상대의 수명이 줄어드는 것도 염두에 두어야 한다.

6   시련이나 고생을 경험한 적이 없는 사람은 가정생활에 부적합하다는 것을 알아두어야 한다. 이렇게 말하면 고생을 모르는 사람은 웃을지 모르나, 많은 현인들도 이와 같은 의견을 갖고 있다. 고생을 경험한 적이 없으면 충분한 교육을 받았다고 말할 수 없다는 사람도 있다. 이들은 교육을 간단한 과학 교육이 아닌 그 이상의 것, 곧 인격형성을 위한 수단으로 생각하고 있다.

특별한 장점이 있다고 하더라도 상식이 없는 사람은 사회생활을 해나가는 데 부적합하다. 여기서 말하는 상식이란 사물을 있는 그대로 보는 능력을 말한다. 즉 인생의 일반적인 일에 관한 판단력과, 식별력, 예의범절 등을 일컫는 것이다. 상식이 있는 사람은 현명한 행동을 취하고, 상황에 맞춰 적절하게 처신한다. 그것은 감정이나 편견에 사로잡히지 않고 이성에 따라 행동한다는 뜻이다. 인간에 있어서 상식이란 동물에 있어서의 본능에 필적한다. 그것은 일반적으로 생각되어지는 천성이나 재능보다 훨씬 뛰어나다. 상식은 한낮의 태양처럼 강한 광채는 아니지만 항상 변하지 않는 따사로운 빛과 같다.

90
여성은 상황에 따라 변화할 수 있어야 한다

여성이 비록 여러 가지 아름다움을 지니고 있다 해도 상황에 맞는 교양을 겸비하고 있지 않으면 아무런 소용이 없다. 아무리 현명한 사람도 상황에 맞는 교양이 없이는 진정으로 행복해질 수 없으며, 다른 사람을 행복하게 할 수는 더더욱 없다. 보통의 경우 필요한 자질이 많이 결여되어 있어도 이런 교양이 있다면 어떠한 경우라도 그것을 보상할 수 있다. 마치 사랑이 많은 죄를 보상해 주듯이. 교양이 없으면 대부분의 것이 보잘것없게 되며, 반대로 교양이 있으면 모든 것은 두 배나 가치 있게 된다.

현명한 사람은 발전 없는 상태를 부끄럽게 여겨 향상하려고 노력한다. 하루종일 정신적인 향상 없이 지내면서도 만족할 수 있는 여성이 많다는 사실은 매우 놀랍다.

하등동물은 한꺼번에 모든 것이 완성되어 그 뒤는 세월이 흘러도 그 이상 알 것도, 뭔가를 바랄 것도, 즐거울 것도 없다. 동물들은 그렇게 되도록 타고나며 그것이 새삼스레 부끄러운 일도 아니다.

  하지만 만물의 영장인 인간이 태양의 수명만큼 오래 산다고 해도 배울 것이 한없이 많으며, 그 절반도 배우지 못한 채 일생을 끝마쳐야 한다. 자신에 대한 처신이나 사람을 움직이게 하기 위해서 정신적으로 끊임없이 향상을 도모해야 한다.

  의복, 풍채, 장신구, 주거, 가구 등은 단지 물질적인 기쁨을 늘리는데 불과하다. 우리는 교양을 갖추는 데 보다 큰 관심을 가져야 한다. 지성이나 정신을 향상시키는 일이 중요하다고 일러주면, 대부분의 사람은 그렇다고 수긍을 한다. 하지만 지금까지와 다르지 않은 생활방식으로 언제나처럼 행동하는 어리석음을 되풀이한다. 단지 수긍만 할 뿐, 깊게 인식하지는 못하기 때문에 생기는 결과이다.

  매일 10시간 내지 12시간을 자고, 아침해가 뜨고 나서도 서너 시간이 지나서야 겨우 일어나기 시작한다. 오전은 거울 앞에서 화장하는 데 소비하며 점심식사 때까지는 쓸데없는 상상을 한다. 오후에는 하품을 하면서 소설을 읽고 저녁에는 파티나, 무도회에서 자극적인 시간을 보낸다. 잠을 자는 시간은 대개 한밤중이 된다. 몸과 마음 모두 이상하게 흥분된 상태이기 때문에 잠이 들어도 나쁜 꿈을 꾼다. 이처럼 귀중한 시간을 모두 낭비하고서 어떻게 만족할 수 있는지 의문스럽다. 하지만 그런 사람이 있다. 더구나 그런 사람이 아주 극소수라면 상관없겠지만 대도시에 사는 상당수의 사람들이 그런 생활을 하고 있다.

  쇠퇴하지 않는 자기 발전의 관심을 갖고 몸과 마음을 모두 연마

하려는 여성은 대개 바람직한 아내가 된다. 이런 자세가 없다면, 겉모습이 아름답고 부유하며 친구들과의 교제가 화려해도, 아무리 재능이 많은 여성일지라도 아름다운 여성은 아니다.

  평생 독신으로 지내는 것은 바람직하지 않은 선택일 수 있으나, 그러한 여성과 결혼할 처지라면 천년이라도 독신으로 있는 편이 바람직하다. 그러한 여성에게는 될 수 있는 한 동정심을 갖고 그녀의 생활태도를 교정해 주어야 하지만, 사랑해서는 안 된다. 사랑을 하게 되면 정말 참기 힘들 정도의 고통을 감수해야만 된다.

분위기 조성보다 신념을 택하는 것이 좋다

부부란 어떤 경우에 있어서나 자신의 신념에 따라 행동하며 그것을 서로 존중한다는 약속을 결혼 전에 해놓아야 한다. 더구나 그 약속은 불변의 것으로 해둔다. 이 약속은 결혼생활의 처음부터 정해놓지 않으면 안 된다. 하지만 전혀 그런 약속을 해두지 않는 쪽보다는 뒤늦게라도 하는 게 낫다.

젊은 부부가 조금 의견이 맞지 않는다 해서 제 3자에게 심판을 봐달라는 식으로 부탁하는 행동은 꼴불견일 뿐만 아니라 매우 우스워 보인다. 남편을 깊이 신뢰하고 있는 현명한 아내라면, 신속하게 결정을 해야만 하는 문제라면 남편의 의견에 맞추는 편이 좋다고들 한다. 하지만 아내가 단지 남편을 기쁘게 하기 위해 문제의 옳고 그름은 생각지도 않은 채 남편의 의견에 따르는 것은 결코 바람직한 일이 아니다. 아내도 마음과 이견을 갖고 태어난 사람이기에 그것을 사용하지 않으면 안 된다. 한편 남편도 아내도 사실은 같은 의견인데 고집을 부려가며 일부러 상대에게 맞추지 않으려고 하는 행동은 더욱 큰 잘못이다.

92 가정은 안심과 휴식의 근원이어야 한다

성실한 청년이 아니면 성실한 아내를 바랄 수 없다. 성실하다는 것은 술을 많이 마시지 않는다는 것을 뜻하는 말이 아니다. 남성에 있어서나 여성에 있어서나 만취는 나쁜 일임에 틀림없다. 의식이 없을 정도로 몹시 취한다는 게 건강이나 품위에 손상을 주는 것으로 작용하는 건 당연하다.

젊은 여성의 성실함에 관해서 말하고자 할 경우에는 금주 등을 말하기보다는 더욱 넓은 의미로서 행동의 성실함에 대해 말해야 한다. '성실'이라는 말과 그와 비슷한 종류의 말들은 모두 행동이 착실, 건실, 진실, 주의 깊음이라는 의미를 내포하고 있다.

항상 생활을 함께 하는 상대가 이런 성실함의 소유자인 것은 중요하다. 인생을 생각할 시기가 되고, 작고 어설프게나마 한 가정의 주부가 될 나이가 되면 아이일 때의 명랑함이나 순진함은 간직해도 좋지만 어린애 같은 경솔함은 버려야만 된다.

93 가정을 책임질 수 있는 사람은 행복하다

어느 작가는 다음과 같이 말하고 있다. "만약 성실한 인격에다 특유의 갖가지 아름다움을 겸비한 여성을 발견하지 못했다면 나는 평생 독신으로 지냈을 것이다. 나의 모습이 언제 보아도 지성미가 넘쳐흐르고, 어떤 경우에도 낙담하는 일이 없기 때문에 놀라는 사람이 많다. 나는 나에 대한 이런 생각을 여러 사람으로부터 들었다.

사실 지난 40년 가깝게 수많은 고생과 실패를 경험했고, 많은 강적과도 대면했으며, 그와 동시에 다른 사람들이 해낸 적이 없을 듯한 매우 힘든 정신노동도 이루어 냈다. 그러한 노동에는 고도의 정신력이 요구된다.

하지만 나는 지금까지 '진실한 걱정'을 한 번도 해 본 적이 없다. 고생도 내 품안에 들어오면 이미 고생이 아니며, 의기소침이란 단어도 알지 못한다. 그래서 어느 독신자보다 밝고 걱정거리가 적다. 언제 보아도 의지가 넘쳐흐른다고들 말한다. 가난 따위로 근심해 본 적이 없기 때문에 부자가 되고 싶다는 유혹도 뿌리칠 수 있었다. 가정과 아이들에 대해서는 다른 사람들에게도 항상 권하듯이 성실한 태도를 잃지 않으려고 노력한다."

성실은 타인으로부터 신뢰받을 수 있는 자격증과도 같다. 젊은 사람은 이 성실함을 제일의 보석으로 생각해야 한다. 의심과 불안을 마음에 품고 문지방을 넘는 남편만큼 불쌍한 사람은 없다. 아내의 성실치 못한 행동을 의심하는 게 아니다. 아내가 절약하고 있는가 아닌가, 남편의 이익을 배려하고 있는가 아닌가, 아이들의 건강과 예의범절에 신경을 쓰고 있는가 아닌가에 대한 불안이다.

모든 것에 자물쇠를 채우지 않으면 외출할 수 없는 남편, 아내에게 맡겨져 있으면 자신의 손에 있는 것처럼 편안할 수 없는 남편은

불쌍하다. 반면 아무 거리낌없이 집과 가족을 남겨두고 외출할 수 있으며, 돌아올 때까지 아무런 나쁜 일도 일어나지 않을 것이라고 확신하는 남편은 행복하다. 그러므로 책이나 원고를 어질러 놓은 채로 외출해서 돌아와 보면 반듯이 정리되어 있다거나 정원수의 신발 자국으로 더럽혀진 집안도 집을 비운 사이 깨끗이 청소되어 있으면 행복하다.

용모에 대한 자만이나 아첨을 좋아하고 놀기 좋아하는 성격이 조금이라도 있다면 결코 신뢰할 수 있는 아내가 될 수 없다. 성격은 변하기 어렵다. 만약 그러한 여성과 결혼해서 그녀에게 신뢰할 수 있는 행동을 원한다면 그것은 잘못이다.

앞에서도 그러한 성실함을 가진 여성이라면 남편에게도 그만큼의 신뢰할 만한 행동이 요구되어진다. 신뢰를 얻기 위해서는 결혼 전부터 그녀에게 자신이 아무 불안도 의심도 갖고 있지 않음을 확실히 나타내 보여야 한다. 지나치게 불만을 늘어놓기 때문에 괜찮은 아가씨들로부터 따돌림을 당하는 남자도 많다. 여성은 모두 질투가 심한 남자를 싫어하므로 만약 그런 남자와 결혼한다면 그 동기는 애정 이외의 것일 가능성이 크다.

삶을 좀 더 진지하게 생각하는 결혼 생활을 하라

정열적인 청년은 젊은 여성의 성실함을 인간적인 따뜻함으로 오해하기도 한다. 하지만 오랜 인생 경험 속에서 관찰한 사람이라면 그와는 반대라는 사실을 알고 있다. 경박함은 9할 9푼까지 정열이 없음과 같다는 것을 안다. 그러므로 제멋대로의 성격은 결코 애정과는 양립하지 않는다. 그러한 사람의 정열은 더욱 동물적이다. 그보다 나은 여성일지라도 마음이 들뜨기 쉬운 천박한 사람은 좀처럼 정열을 갖고 있지 않다.

하지만 단순한 경솔함이나 해이함의 정도를 벗어나지 않는 행동에 대해서는 지나치게 엄격한 판단을 내리지 않는 게 좋다. 젊은 여성의 성실한 태도를 몹시 음울하다고 생각하는 사고방식은 큰 잘못이며 사실은 그와 반대이다. 나는 젊은 시절부터 깨닫고 있었던 것이지만, 남녀를 불문하고 술을 마셔야 명랑해지는 사람은 마시지 않고 있을 때는 예외 없이 지루하고 재미없는 인물인 경우가 대부분이다.

그들은 뭔가 자극이 없으면 육지에 올라온 물고기처럼 힘들어한다. 그 자극은 술을 비롯하여 홍차, 커피 등 향료에 의해 가공된 식품들이다. 그 어느 것도 아니라면 지적인 자극을 추구한다.

무절제는 몸에 나쁜 향료나 첨가물을 넣는 것뿐만이 아니라 마음이나 지성을 해치는 자극까지도 포함된다. 사실 육체적인 무절제와 정신적인 무절제는 일맥상통한다.

검소한 식사와 물만으로 지낼 수 없다는 사람은 일반적으로 평범하고 견실한 가정생활이나, 사회생활에는 숨이 막혀 한다. 또는 그러한 생활이 재미있지도 않고 바람직하지도 않다고 생각한다. 그런 인간은 도리를 판단하지 않는다. 평범한 가사에 부지런히 힘쓰는 사람들에 대해서 "그들은 어떤 일이라도 환영한다"고 하는 사람도 있다.

자신의 일조차 할 수 없는 여성은 가정에서나 사회에서나 그리고 결혼을 했건 독신이건 아무런 도움이 되지 못한다. 그러한 여성은 무슨 축연이나 파티, 연주, 소설 또는 경험하지 못한 자극적인 일이 있을 때나, 그러한 일들이 기다리고 있을 때만 행복하다. 이런 여성과 한평생 배우자가 된 청년은 불행하다. 그녀는 특별하게 좋은 장소가 없다면 어쩔 수 없이 집에 있을지도 모른다. 그래서 10년마다의 인구 조사 때 아이를 한 명 증가시켜 놓을지도 모른다. 하지만 좋은 아내, 좋은 어머니가 될 수는 없다.

95 총명한 여자는 가사도 능숙하다

가정에 대한 지식이 없고 가사를 좋아하지 않는 여성은 비록 출생이 아무리 좋더라도 보잘것없는 여성밖에 안 된다. 중류 가정의 아내에 있어서 가사에 대한 지식은 필수 불가결하므로 연인들은 이 점에 항상 주의하여 배우자를 선택해야 한다. 가사에 대해 알고 있다하더라도 단지 지식으로만 알고 있고 실행이 뒤따르지 않는다면 아무 소용이 없다. 파이나 푸딩의 재료를 알고 있을 뿐만 아니라 실제 요리도 할 수 있어야 한다.

재산이 있다든지 특수한 직업을 갖고 있는 경우를 제외하고 젊은 사람이 결혼해서 가정을 위해 사람을 쓸 생각을 하면 잘못이다. 농업이나 장사를 할 경우에 아이가 생기면 일손이 필요하겠지만 하루하루 생활비를 벌지 않으면 안 되는 신분으로서 고용인은 필요 없다.

식사는 하루에 세 번을 한다. 건강하고 원기 왕성할 때는 음식이나 요리에 그다지 신경을 쓰지 않는다. 하지만 아무리 그렇다해도 덜 익은 생선, 타버린 고기에는 곧 싫증이 난다. 한두 번은 참을 수 있으나 세 번째 이르면 한탄하기 시작하며 다섯 번째 정도가 되면 불평을 하게 된다.

이런 상태가 1개월 2개월 계속되면 남편은 결혼을 후회하게 되고 새로운 기대는 전혀 하지 못하게 된다. 뒤늦게 자신이 얻은 배우자가 현명한 반려자는커녕 무거운 짐이었음을 깨닫는다. 불행하게도 이런 교육밖에 받지 않은 아내는 남편의 애정이 점점 사라져가고 있기 때문에 매우 불행한 인생을 보내게 된다.

아무리 다정한 남편이라도 아내가 집안 일을 엉망으로 처리해 버리는데 한결같이 소중하게 대해줄 수는 없다. 남편은 아내가 가사에 능숙한 사람이고, 또 본인이 정상적인 사고를 가졌다면 가계가 허락하는 범위 내에서 집안 일을 기쁜 마음으로 아내에게 맡긴다. 단 가계비의 총액에 대해서는 남편이 최선의 비판을 내려야 한다.

96 사회적 성공을 이루기 전에 가정을 리드하라

인류의 시작 이래로 항상 남자가 가정을 책임지고 리드해왔던 것만은 아니다. 남성들이 여성의 우위에 서기 시작했던 것은 농경시대 이후로 보여진다. 농경이란 힘을 필요로 하는 것이므로 당연히 물리적 힘이 강했던 남성들이 여성보다 상위에 있게 되면서 가부장적 사회로 이어져 오고있다.

하지만 정보화사회 이후로는 여성들이 더 유리할 수 있다는 주장도 나오고 있다. 실제로 근래에는 남녀 평등의 사회로 나아가고 있음을 알게 된다. 그러므로 이제는 여성들이 스스로 남성에 대한 콤플렉스를 벗고 당당히 가정을 리드하는 주인공으로 서야할 때이다. 이를 위해서는 무조건 사회적인 성공만을 지향하기보다는 우선 가정에서의 역할을 제대로 이행하고, 남성을 리드할 수 있다는 자신감을 가지는 것이 필요하다. 남녀 평등은 단순한 구호로 이루어지는 것이 아니라 스스로의 올바른 처신과 실행에 있다.

악기를 연주한다거나 노래를 한다거나 그림을 그린다거나 또는 매우 로맨틱한 장문의 편지를 쓰거나, 쇼나 연극, 소설을 읽는 일을 하며 자라난 여성과 평범하지만 성실한 남성이 결혼을 한다면, 그는 그 상대가 자신과 가치관이 전혀 맞지 않는다 할지라도 있는 그대로를 받아들일 수 있어야한다. 그렇게 마음가짐을 가져야만 그는 자기 아내에 대해서 관대해질 수 있다.

아내가 가사에 대해 서투르다는 사실을 알고 있었으나 사랑하기에 그 모든 것이 단점으로 보이지 않았듯이 결혼 후에도 그대로의 마음을 유지해야 한다. 결혼으로 자신의 욕망이 채워졌다고 해서 그녀에 대한 태도를 바꾼다면 그는 위선적이며 남자답지 못한 일일 것이다.

결혼했을 때 피상적인 교육만 받아온 여성은 실제로 집안 일을 꾸려나가기 쉽지 않을 것이다. 그녀의 지적인 교양은 그다지 가사에 도움이 되지 않을 수도 있기 때문이다. 우리가 중. 고등학교 과정에서 배우는 수학이 실제로 사호에 나오면 그다지 쓸 일이 없듯이 음악이나 그림이나 로맨틱한 편지가 요리하고 집안 일을 돌보는데는 그다지 소용이 없는 것일 수도 있다.

성품이 온화한 여성이 처음 갓난아기의 울음소리를 듣게 되면 그 때까지 마음을 차지하고 있던 노래나 풍경, 모든 공상 속의 인물 따위가 한꺼번에 잊혀진다. 만일 전업 주부라면 가정의 재산을 염려하여 가장 유리하게 돈을 쓰는 법을 모색하려는 노력도 있어야 하며, 최소 비용으로 풍부한 식탁을 꾸미는 일을 즐겨야 할 것이다.

  하지만 집안 일을 모르고 자라난 여성은 그런 일이 쉽지 않을 수도 있으며, 자신의 교양보다 집안 일을 하찮게 여기면 알뜰한 가정을 꾸리기 힘들다. 집안 일은 저급하며 무지한 여성만이 하는 것이라 생각하는 여성, 그런 하찮은 일은 결코 할 수 없다는 생각을 해서는 곤란하다.

  남녀평등을 떠나서 전업주부라면 가족에게 알찬 식탁을 준비하고, 정성을 다하는 모습을 보여준다면 그 여성은 아름다운 여성이라 할 수 있을 것이다. 가족들의 마음을 잡아두기 위해서는 언제나 청결한 식탁, 맛있는 요리, 정돈된 집, 쾌적한 분위기를 가꿀 줄 알아야한다. 그런 여성과 그 여성을 있는 그대로를 인정하며 자기 역할을 위해 최선을 다하는 남편이 공존하는 가정은 참 행복한 가정이다.

97 지나치게 욕심을 갖지 않는 여성이 되어야 한다

사리가 밝은 남성에게 있어서 욕심 많은 여자만큼 불편한 사람은 없다. 남성 가운데 욕심이 지나치게 많은 사람이나 돈에 눈먼 사람이 있다면 보기 역겹기는 하지만 어쩔 수 없이 참을 수는 있다. 하지만 돈에 눈먼 여성은 누가 참겠는가.

아내가 남편에게 내조의 공을 다하려 한다면 정신적인 면뿐만이 아니라 물질적인 면에서도 남편을 도와야 진정한 내조이다. 자신은 일하지 않은 채 남편에게 의지할 생각만을 갖고 상대방이 경제력이 없다면 결혼하지 않겠다는 여성이 있다 그런 말을 하는 여성은 분명 성실하지 못한 성격의 소유자라고 생각해도 과언이 아니다.

남녀를 불문하고 가난은 죽음보다 불행하다고 말하는 사람이 있지만 그들이 진정으로 가난을 두려워한다고는 생각되지 않는다. 가정환경이 좋은 곳에서 자란 여성 중에 결혼을 경제적 걱정이나 노동으로부터 벗어나는 수단으로 생각하는 사람이 있다. 그리고 만약 고생스럽다면 일평생을 독신으로 있거나, 차라리 죽는 편이 낫다고 말하는 사람들도 있다. 이성이나 상식으로 생각해도 결혼이 경제적 근심으로부터의 해방이나 노동으로부터의 해방이 아님은 금방 알 수 있는데, 이것을 인식하지 못하는 여성은 아무리 아름다운 점이 있다하더라도 피해야 한다. 그녀들이 정말 게으름뱅이로 지낼 심산이라면 혼자 생활하게 해야 한다. 될 수 있는 한 그녀들이 악영향을 퍼뜨릴 기회를 주지 말아야 한다.

98. 목표를 향해 분발하는 상대가 아름답다

몸을 움직이는 일보다 아무것도 하지 않는 쪽을 좋아하며, 근면보다 태만을, 노동보다 안일을 즐기는 여성은, 그리고 항상 일하려 하는 확실한 각오가 정립되어 있지 않은 여성은 사회생활과 가정생활에 부적합하다.

여성이 어떤 일을 하면 좋은가에 대해서 여기서는 육아 이외의 다른 예는 들지 않겠다. 단 건강하고 수명이 다하지 않는 한 전력을 다해서 일하지 않으면 안 된다. 그것도 부지런히 일해야 한다. 그렇지 않으면 스스로 뿌린 씨로 고통을 겪게 된다.

인간은 전력을 다해서 일하지 않으면 안 된다. 단 몸과 신경을 지나치게 혹사시키지 않도록 할 것, 그리고 부자가 되기 위해 일하는 게 아니라 그것이 자신의 의무인 동시에 행복이므로 일을 해야 한다.

인생의 목적은 올바른 행실을 행하는 데 있고, 사회의 목적은 올바른 행실을 행할 수 있는 능력을 증강시키는 데 있다. 남편도 아내도 결혼생활을 함에 있어서 보다 커다란 눈을 가지고 도움이 되는 것을 목표로 해야 한다. 단지 재산을 늘리겠다는 생각은 레벨이 낮은 보잘것없는 목표이다.

하지만 자신이 할 수 있는 일도 손가락 하나 까딱하지 않은 채 게으름을 피우는 여성보다는 욕심 많은 여성 쪽이 오히려 낫다. 어머니가 게으르면 매우 안타깝게도 아이들에게까지 그 버릇이 붙어버린다. 대단히 중요한 일을 마지막 순간까지 처리하지 않으면, 그리고 한다고 해도 그저 하는 것 뿐으로 그치면 곤란하다. 하지만 대개는 하려고도 하지 않는 경우가 많다.

식사시간은 늦어지고 여행이나 방문 예정도 늦어진다. 온갖 종류의 나쁜 상황들이 계속해서 일어난다. 정리되지 않은 일이 산처럼 쌓여있다. 아무리 부자라도 이래서는 좋지 않다. 필요에 임박해서 해야 될 일이 아무것도 없다면 그것은 스스로를 망치기 때문이다. 일이 없는 인생이란 견딜 수 없다. 때문에 지위, 신분에 관계없이 게으른 여성은 자기 일을 찾아보는 데 주력해야 한다.

99 검소한 습관을 가져야 좋은 부부관계를 이룰 수 있다

검소란 사치의 반대이다. 구두쇠나 가난하다는 뜻이 아니다. 불필요한 지출을 삼가는 어떤 종류, 어떤 물건이라도 소용없는 것은 구입하지 않는다는 뜻이다. 검소는 생활형편이 좋고 나쁨에 관계없이 결혼 상대를 선택할 때 중요한 조건이 된다. 물건이나 돈이 남아 돌 정도로 많은 부자에게는 어떻게 그 돈을 쓸 것인가가 유일한 근심거리인 듯이 남의 눈에 비쳐질 수 있다.

믿을 만한 많은 재산이 있는 부자도 이런 상황이 되는데 보통 가정의 아내가 사치스럽다면 그 경우는 치명적이다. 대개의 가정이 그렇겠지만 아내가 수입과 지출에 있어 지갑을 움켜쥐고 있는 경우라면 특히 치명적이다.

낭비가인 아내에 대해서 방위 수단을 강구하는 것은 매우 어렵다. 하지만 만약 사랑 때문에 완전히 눈이 멀어 버리지 않았다면 상대 여성의 낭비 경향을 간파하는 일은 간단하다. 의상이나 그 밖의 소지품을 구입하는 데 자제력이 없는 여성의 대부분은 한 가정을 꾸려 나가기에 부적합하다. 그녀가 옷 따위로 사치하며 분수를 모르고 최고급품까지도 구입하며, 실용적이고 오래 쓸 수 있는 물건보다 화려하고 곧 못쓰게 되는 물건을 선호하는 경향이 있다면 그런 습성은 일생 없어지지 않는다고 생각해도 옳다.

그녀가 사치스러운 음식, 가구, 오락을 좋아하고 돈을 쓰는 행위를 즐긴다거나 부자들의 화려한 의상에 감탄해서 자신도 흉내를 내고 싶어한다면 남편의 지갑을 쥐고 있어도 검약 따위는 하지 않는다. 만약 그녀가 이별을 고해 온다면 가능한 한 빨리 그렇게 하는 편이 좋다. 여성의 낭비벽은 귀걸이, 브로치, 팔찌, 목걸이 그

밖의 온갖 장신구를 보면 알 수 있다.

이런 성격의 아가씨와 결혼하는 행위는 자신의 파멸로 이어진다. 재산도 안정된 생활도 얻을 수가 없다. 그녀를 위하여 열심히 일해 자동차를 사주면 다음에는 더욱 큰 자가용을 원할 것이며, 그것을 사주면 이번에는 외제차를 원한다. 다시 그것을 사준다 해도, 그 허영은 사라지지 않는다. 이런 상태가 계속되는 한 남편은 심신이 편해질 수가 없다.

경쟁을 위해 돈을 쓰는 행위는 돈을 버리는 것과 같다는 사실을 명심해야 한다. 하지만 이성과 팔찌는 결코 양립할 수 없다. 싸구려에다 반짝거리는 금속을 몸에 걸치면 아름다워지기는커녕 오히려 자신의 모습이 추하게 된다. 그것을 깨닫게 되는 여자는 곧 후회한다. 오늘날 위세를 떨치고 있는 이와 같은 어리석은 풍조에 용기를 갖고 반항할 수 없다면 어떠한 사람으로부터도 전폭적인 신뢰를 얻을 수 없다.

결혼은 진정한 마음의 휴식공간을 만드는 일이다

성품이 좋은가 어떠한가를 결혼 전에 확인한다는 것은 매우 어렵다. 웃는 얼굴은 필요에 따라서 간단히 바꿀 수 있기 때문이다. 더구나 사랑에 빠지면 연인의 곰보 자국도 보조개로 보이는 판국에 성품을 파악하기란 쉬운 일이 아니다.

성품이 좋다는 것은 느긋한 성질이나 어떤 일에도 동요하지 않는 태평스러움을 가리키는 게 아니다. 그것은 게으른 자의 상징이다. 토라져서 뾰로통해지는 성격의 여성은, 만일 당신이 그것을 인식하지 못할 만큼 눈이 멀지 않았다면 반드시 피해야 한다.

그런 성격의 사람이 낮이나 밤이나 함께 생활하는 상대, 자신의 배우자라면 참으로 비극이라 할 수 있을 것이다. 같은 테이블에 둘러앉고 같은 방에 있으면서 일 주일간이나 한 마디도 입을 열지 않는다면 너무나 힘겨운 일이 될 것이다.

이유도 없이 제멋대로 화를 내고 그것이 원인이 되어 토라지곤 한다. 근거 없는 일에 화를 내서 이치에 맞는 불평을 할 수 없으므로 침묵으로 화가 났음을 표현한다. 이 치료법은 인내하면서 좋을 대로 내버려두는 것이다. 하지만 이런 병을 자신의 집안으로 들여놓지 않도록 하는 편이 더욱 좋다. 이런 병의 소유자와 결혼하는 것은 제정신으로 할 일이 못된다.

푸념이 많은 것도 큰 결점이다. 누구라도 끊임없이 푸념을 듣는다면 곧 지겨워진다. 애인이 시간을 지키지 않는다, 태도가 냉담하다, 자신을 보살펴주지 않는다.

그러나 그것과 정반대의 냉담한 성격은 더욱 좋지 않다. 언제나 똑같은 예의바른 얼굴로 당신을 맞이하고 당신이 마음대로 귀가한다고 해도 변함 없이 웃는 얼굴로 대해주는 여성, 손을 쥐어도 막대기처럼 곧고 차가운 손가락을 가지고 있을 듯한 여성은 부디 선택하지 말기를 바라고 싶다.

완고한 것은 누구에게나 대단히 큰 결점이지만 특히 젊은 여성에 있어서는 더욱 그렇다. 완고한 성격은 나이를 먹을수록 심해져 간다. 상대를 말못할 정도로 만들어 이겼다고 의기양양해하는 것은 쓸데없는 일이지만, 어떤 종류의 인간들에게 있어서는 그것도 일종의 마음의 병이다. 아내의 성격이 그런 식이라면 매우 성가시다. 처녀시절에 조금이라도 그런 점이 있었다면 아내가 된 후에 그 성격은 몇 배나 강해진다. 지나치게 토론을 좋아하는 여성도 대단히 불편한 반려자이다.

연장자들의 대화 도중 참견하기 시작해 자신만만하게 의견을 내

세워 논쟁을 펼치는 아가씨가 있다. 그녀를 아내로 맞이하려고 하는 사람은 매우 대담한 남자임에 틀림없다.

101
가정은 우울함이 배인 장소가 되어서는 안 된다

온갖 성격적인 결함 중에서도 우울한 성격은 최악이다. 남성은 누구나 음침하고 우울한 여성을 싫어한다. 그런 여성과 결혼해버린다고 해서 그녀와 함께 살아갈 수 없다는 이야기가 아니다. 하지만 아내와의 생활을 즐기는 일 따위는 불가능하며 자신의 생활에서도 절반은 즐길 수 없게 된다. 이러한 남편은 반 사람 몫의 인간밖에 될 수 없다. 그래서 "언제쯤이면 이런 인생으로부터 해방될 것인가." 하고 한탄하게 된다.

　이런 종류의 여성은 남편이 곁에 없으면 몹시 우울해하지만 다른 사람이 있으면 금방이라도 넘쳐흐를 듯한 미소를 띠우며 낄낄거리거나 장난을 친다. 그리고 다음 순간에는 매우 울적해있다든지 소설을 읽고 울고 있기도 한다. 이것을 좋게 바라보면 그녀는 감수성이 풍부한 좋은 여성이라고 말할 수 있다.

　남편의 경우도 똑같은 마음의 병, 즉 우울한 성격의 소유자가 아닌 한 우울한 아내는 가장 어울리지 않는다. 때때로 우울해지는 여성은 많으나 우울한 성격의 여성은 언제나 우울 덩어리일 수밖에 없다. 그녀들은 항상 과거, 현재, 미래의 뭔가에 의해서 불행하다. 이러한 여성에게는 양팔 가득히 아이를 안겨주는 것이 매우 효과적인 치료법이 될 수가 있다 아이가 없는 여성이라면 상당한 가난, 현실적인 고충, 진실한 고민 등이 때때로 좋은 약이 된다.

102 가정의 행복을 증가시키는 것이 참된 교양이다

교양이 있다고 하는 것은 일반적으로 도움이 되는 고상한 교육을 받은 것이라고 생각된다. 여성의 교양은 아무리 높이 평가한다 해도 지나치지 않다. 교양의 중요성이 과대 평가되었던 적은 일찍이 없었다.

정신적인 수양이나 고상한 지식은 앞에서 열거했던 아내의 조건과 함께 매우 가치 있는 소양이며, 이러한 것은 모든 여성과 그 주위 사람들의 행복을 배가시킨다.

책, 음악, 미술 따위에 열중해서 그 밖의 더욱 중요한 일들을 등한시한다면 여성은 사랑 받는다거나 존경받는 대신 오히려 경멸받을 것이다. 비슷한 사람들끼리 만난 부부도 때로는 볼 수 있다. 그런 부부는 두 사람 모두 결혼 전보다 두 배나 불행하게 될 뿐이다.

하루종일 책상 앞에 앉아서 새로 발간된 매력적인 책을 읽으며 온갖 육체적인 욕구는 잊고 있는(아마 자신에게 육체가 있다는 사실조차 잊고 있을 것이다) 인텔리 부부를 나는 알고 있다 그들은 그러한 생활로 행복할지가 의심스럽다. 생활에 밀착한 일들을 완전히 처리할 수 있게 된 뒤라면 회화, 음악, 자수 그 밖의 비슷한 것들을 당연히 시도해 볼 수 있다. 또한 그러한 교양은 어떤 종류의 생활 환경에는 불가결한 것이기도 하다.

행복한 상상플러스 102

초판 발행일 2004년 7월 25일
2판 발행일 2006년 2월 15일

지은이 | 에픽테토스 · 올 코트 윌리엄
엮은이 | 최복현

펴낸곳 | 글읽는세상
펴낸이 | 최기현
등록번호 | 제16-1707호

주소 | 서울시 양천구 신정동 1163-18
전화 | 02-2608-3995
팩스 | 02-2608-4111
이메일 | bizbook@lycos.co.kr

ISBN 89-88483-26-X 03810

* 잘못 만들어진 책은 바꾸어 드립니다.
  값은 뒷표지에 있습니다.